琉球科律
糺明法条

宮城栄昌編

吉川弘文館刊行

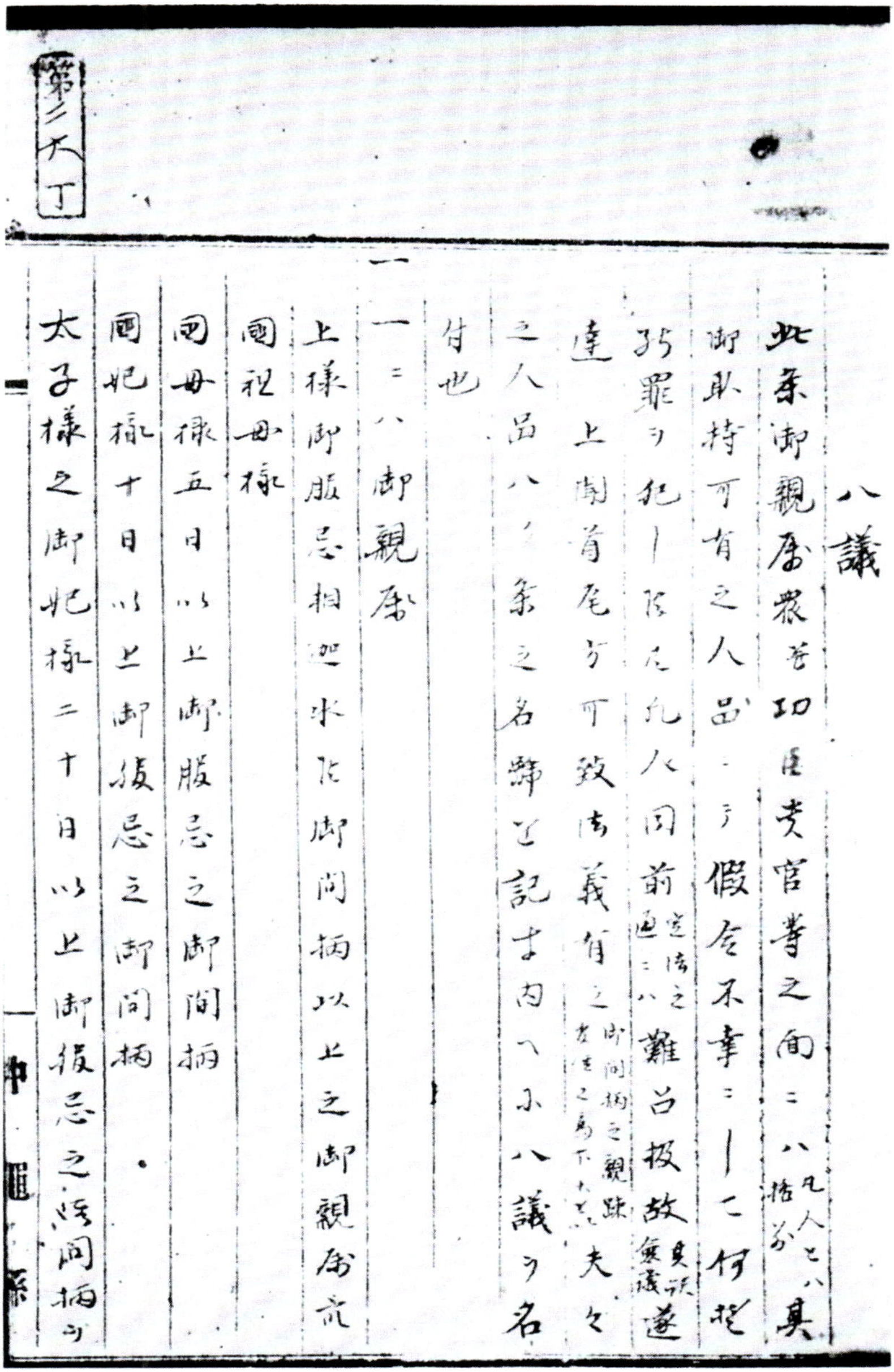

八議

此条御親属衆並功臣貴官等之面々ニハ（九人と八人括分）其御取持可有之人品ニテ仮令不幸ニシテ付従致罪ヲ犯シ候とも九人同前（定法之通ニハ）難召捕故（其訳無遠）遂達上聞首尾可致法義有之（御間柄之親疎尊卑之高下大小）夫々之人品八ヶ条之名号ヲ記す内ハ不八議ヲ名付也

一　ニハ御親属

上様御服忌相迎水花御間柄以上之御親属并

国祖母様

国母様五日以上御服忌之御間柄

国妃様十日以上御服忌之御間柄

太子様之御妃様二十日以上御服忌之御間柄ヲ

琉　球　科　律（法務省図書館所蔵本）

序

一九四五年の沖縄戦で、沖縄県立図書館の全所蔵本が失われた。その中には、琉球国王最初の法典である科律と、その補足法典である新集科律が含まれていた。同図書館以外にも科律や新集科律があったかも知れないが、沖縄にあった図書のほとんどが湮滅したので、科律や新集科律に接する機会は絶無と思われていた。ところが戦後数年して、沖縄人事法制史の著者奥野彦六郎氏により、法務省図書館に科律の写本があることが紹介された。

日中の律令格式に興味をもつ私は、科律を広く学界に紹介したいと思い、昭和三十六年五月の法制史学会総会で、「琉球科律について」の研究発表を行ない、また「日本歴史」一五五号にも同じ発表を行なった。慶応義塾大学法学部図書室に、科律及び新集科律の書写本があることがわかったのは、右の研究発表会の席上、同大学法学部手塚豊教授の発言によってであった。その後、法務省本・慶応本以外の書写本の発見に心がけ、とくに一九五九年以来の数次の沖縄渡航に際しては、沖縄本島・宮古・八重山や足を入れた多くの島々でもその発見につとめたが、現在のところ、私の努力は報いられていない。しかし法務省本と慶応本により、科律の全貌を知り得たので、ここに科律を学界におくることができるようになった。一方、新集科律については、法務省本を慶応本で校合した上、昭和三十九年十二月、横浜国立大学人文紀要第一類第十輯により公表した。公表順序から言えば逆であった。

琉球王国は独立国であったが、政治的支配の面では日本と中国に両属している形であった。そのために生活諸現象に両国の影響を受けることがかなり強く、法的規範もそれから例外たり得なかった。同国の法律はその内容や施行範囲からみると、日本の一藩法に匹敵するものであるが、表面的には外的勢力と妥協しながら、内面的には飽くまで独立を維持していこうとする苦悶が、その性質を規制しているようにみえる。それは日本とアメリカとの間に立って苦悩している現在の沖縄の法律にも通ずる性質であろう。

藩法研究のさかんな現法制史学界において、この科律や先に公表した新集科律がどれだけの役割を果すか、それは不明であるが、両勢力の中間にあって自己の存在を擁護しつづけてきた小国の法律として、また清律の影響を最も強く受けた日本藩法の一つとして、特異的性格を有するものであることは否定できないと思う。そして危く全滅しかけた文化財が、学界で日の目を見るようになったのは、私としても嬉しいことである。

本刊行については、史料の書写及び校訂に多大の便宜をあたえて下さった法務省・慶応義塾大学法学部・琉球大学、また出版に大きな援助をして下さった吉川弘文館社長吉川圭三氏、沖縄の財団法人金城報恩会理事長金城キク氏に深く感謝してやまない。

昭和四十年六月二十二日

宮　城　栄　昌

目次

目次

凡　例

一　琉球科律は法務省図書館所蔵本（法務省本）を原とし、これを慶応義塾大学法学部図書室所蔵本（慶応本）を以て校訂を加え、更に他史料に引用されている原文を参考にした。

一　糺明法条は同治三甲子年三月写八重山宮良殿内本（現琉球大学所蔵本）を以て校訂を行なった。

一　原文の異字・俗字・略字はすべて通用字に改め、仮名は「ニ」・「ハ」などの場合を除いてはできるだけ平仮名に統一することにし、また、「茂」・「与」・「而」などは大体原本のままにした。

一　法務省本には脱文・脱字が多いが、それらは主として慶応本により「　」を以て補うことにした。また誤写と思われるところは、ママ、あるいは編者の案を傍に註し、これら編者の傍註には、すべて（　）を施した。

一　方言（沖縄語）を以って表現された部分は、改めることなしに残しておくことにした。ただし法務省本は、サ行変格活用の「する」を「しる」と表記している例が頗る多く、これも方言に関連しているが、これはすべて「する」に改めた。

琉球科律　解　説

一、科律の編集目的と政治的背景

科律は琉球王国最初の法典として、一七七五年（安永四＝乾隆四〇）編集に着手し、一七八六年（天明六＝乾隆五一）に公布された刑法典である。その編集動機については、一七三一年（享保一六＝雍正九）に成立した琉球史書球陽の一七七五年（尚穆王二四）十二月六日条に、「本国の賞罰素と定制無し。事に臨むの時に当り、前轍を考査し、以て挙行を為す。而して旧例の内亦相均しからざる者あり。故に向天迪伊江《いえ》親方《おやかた》朝慶、馬克義幸地《こうち》親雲上《ぺーちん》良篤に命じて其の主取と為し、科律を編修せしめ、以て法制を定む」とある。事実その時まで、琉球国には令法典にあたるものとともに、刑法典にあたるものがなかった。そのために法規範は、儒教流の徳教と、慣習や先例によって維持されていた。刑法の場合には、中古以後、科松・科銭・寺預（寺入）・鞭扑（科鞭）・流罪・斬刑（斬刑は事実上廃止）などが、やはり慣習や先例に基づいて執行されていたが（琉球国由来記巻三刑法）、このような規範に立っての適用例では、量刑上の軽重差が甚しく、裁判の公平を保つことが不可能であった。その不公平を除去するのが、科律編集の目的であったが、科律の序文は、編集の動機と目的とを更に明確ならしめている。

序文と同じ編集目的のことは、中山世譜及び球陽の一七八六年（尚穆王三五＝乾隆五一）の条にも記載され、刑罰にはとかく毛を吹き、疵を求め、惨刻厳刑の差《あやまち》がありがちだが、旧例によってこれを行なったのでは公平が保てないので、刑政を公平慎重にするために、王の意志によって編集したと述べてある。編集は乾隆四十年から十二年を経た同五十一年までかかっているが、完成したものは、糺明法条一本（一六条）と科律一八本であった。

これで沖縄も成文法典を有する国となったが、それでも刑法典を有したばかりで、令にあたる法典の編集はついになく、法体系からみると著しく後進国であった。ただノロや根神を中心とする宗教的規範や、家及び門中を中心とする道徳的・社会的規範の強烈な社会であったから、それらによって社会秩序の維持がはかられてはいた。

科律編集の政治的背景としては、王徳讃美と中国崇拝のことが考えられる。王徳讃美については、国王が法治国家の徳教的存在としての支配者であることを謳い、王国の独立の維持を願望している。刑法典編集の理想を「万民をして習染の悪をさらし、固有の善に復らし、専ら刑なからしめんため」とする一般予防主義や威嚇主義は刑法不変の鉄則であっても、よく無刑の国たらしめるものは有徳の支配者に限るのである。わが国王もまさにこのような支配者であるからこそ、「刑憲を慎み給ひ、偏に風化を助ける」存在だとするのである。法治国家の支配者であり、しかも徳教的存在である国王を讃美しながら、その独立を維持しようとする願望のかげには、政治的施策上における中国崇拝と日本に対する妥協とがみられる。後述するように、この科律が内容上では大清律を忠実に継受し、形式上では日本刑法の影響を強く受けているのはその表われの一つである。しかし王徳讃美や日中両国に対する妥協乃至崇拝は、特に尚穆王時代が甚しかったのではない。それ故それだけで科律編集時における背景を知るには不十分である。

穆王の父の敬王時代は、尚真王（一四七七—一五二六）時代とならんで、沖縄の黄金時代であった。賢相蔡温が補佐したためでもあるが、敬王自身英邁で、学問を愛好し、人材を登用し、綱紀を粛正して政務に精励した。そのために、農政・林務・土木・水利・教育・文化の各方面で、未曽有の治績をあげている。もしも法典編集の事業が計画されるならば、この時を措いては考えられない。文化事業の一つである編集事業は、その社会の繁栄期によくなされるからである。前記の諸政策の実施には、たとえば林政についてだけみても、一七三七年の杣山法式帳及び山奉行所規模帳、一七四七年の杣山法式仕次、樹木播植方法及び就杣山総計条々、一七四八年の山奉行所規模帳仕次、一七五一年の山奉行所公事帳などが定められているように、多量の法規の制定も必要としたはずである。従ってその集大成も考慮されたであろう。一七三二年（享保一七＝雍正一〇）蔡温が著わした教条は、それが国民の道徳的教訓書であったにしても、法条に対するものであった。果して一八六〇年（万延元＝咸豊一〇）に著わされた法条は、教条に対するものとしている。更に敬王にしても、蔡温にしても著しく親清的で、特に蔡温を代表する親清派は、親日派を粛正する事件を起しているほどである。

　ところが敬王時代は政策の実施に追われ、法典を編集するいとまがなかったとみられる。法典が国家権力の象徴である意識は、むしろ法に裏付けられた大事業の後に強まるものであった。そのために、科律の編集は次の穆王時代に持ちこまれるようになった。

　敬王時代の繁栄は穆王時代にも及んだが、内政の上では、前代の施策の整理的傾向がみられる。中国との外交の面では、一七五六年（宝暦六）の冊封使の接待に際し、穆王自ら使を迎恩亭に迎え、国主送迎の礼を恒例化している。また一七八六年（天明六）の進貢に際しては、高宗から「海邦済美」の額を賜わっている。それは属領視している諸国に対する中国の常套的行為であったとしても、穆王の親清的態度の濃厚さをみることができよう。こうした政策の反省と、より高まった中国への憧憬の中に、大清律を内容的に継受した科律が編集されたのである。その一方、日中に両属している国として、薩摩を通じ日本に対する妥協も忘れなかった。

二、科律の体裁と原拠

科律一八巻の篇目名と巻の構成順序は全く清律と同じであるが、清律にある職制・公式・婚姻・課程・祭祀・儀制・宮衛・軍政・関津・郵駅・詐偽・河防の一二篇目がなく、科律にあって清律にないものはない。

条文数では、清律が四三六条であるのに対し、科律は名例律の十悪以上一〇三条である。巻一の科律字義につづいて、

一、大清律四百三十六門之内、当用可罷成科律百三ヶ条組立置候、其外にも入用之律目ハ、以後見合次第可組立

とあるように、沖縄に適用できるものだけ約四分の一継受したわけである。しかし科律はほとんど清律のままの律名をかかげ、その中には科律に篇目のない上掲一二篇目中の律名もあげて参考にするよう各処に記載してあるから（巻末索引参照）、清律の大部分を継受したことになる。ただし継受した条文であっても、内容そのままの継受でないことは言うまでもない。それについて巻一には、

一、清律一門之内、当用有間敷ヶ条ハ科律不組入相省候も有之、且訳ニより別律又ハ諸書より書加へ候も有之

と記してある。

ただ科律の藍本が清律の何であったか、それは明らかでない。大清律例奏疏目録や故東京教育大学小竹文夫教授の説明によると、清律（大清律）には、順治三年（一六四六）明律を底本として編集し、出版に際して校訂を経た大清律集解附例につづいて、順治一三年（一六五六）の満文大清律、康熙一八年（一六七九）原律外の条例の改定を行なった現行則例、雍正五年（一七二七）現行則例を改定した大清律例があり、更に乾隆以後は五年毎に条例が修補され、最

後に宣統元年（一九〇九）の現行刑律で、律の編集が終っている。

以上からみて、科律が参考にした原本の範囲が知られるわけであるが、それでも科律は原律・律例・条例のいずれも、原文のまま継受せず、これを幾条かに分って立条しているので、それから科律の原拠を知ることは困難である。一書のみを参考にしたのではあるまいが、主として科律編集に着手した乾隆四十年に近い頃に成立した現行律例によったのではなかろうか。

科律が巻一にあげている老幼以下の字義は、従来の日中律令の註や疏で取扱われるものであるが、初めて律を制定して施行する国であるだけに、その解釈はきわめて具体的、素朴的である。たとえば「老幼」の項では、「七十歳以上を老と言、十五歳以下を幼と言、十六歳以上ハ成長也」と規定している。また「折傷以上」の項では、「歯一手足之間指一打折、……或刃物を以疵付候類三段之罪名」と述べてある。前項は日中律令の名例律七十以上条及び戸令三歳以下条で解釈される条項であり、後項は闘訟律折歯決耳鼻条で、その定義の推測され得る条項である。

第二巻以下の律の本文は仮名交りの候文で書かれ、日中の律同様、処々に二行の割註が加えられている。また条を起すにあたっては、時に刑法の理想を述べながら、まず立条の目的、条文（門）の意義、適用の範囲などを明らかにし、つぎに腰書、但書、附則を交えながら、条文が一項乃至数項にわたって記載されてある。しかして清律は明律を忠実に継受したものであるが、明律の法源は唐律にあるから、科律は唐律の影響下のものと言えよう。また日本の大宝・養老律が唐律に拠っている限り、科律は日本律とも内容的な連がりがあるわけである。

大部分の条文の終りには、条々が記されてあり、約二三〇条となっている。これは清律の条例にならったもので、その本条に対する比率も清律の四三六対一〇四九とほぼ同じである。ただ巻一に、

一、科律之儀、専時之宜しきを取、就中諸律各致聯属候付、仮令相当不致情罪出来有之候共、一時之見立を以て加之取直候ハ、、律意致変乱、彼是相違難成候間、何歟相当不致儀有之歟、或ハ本条無之情犯出来有之節ハ、無本条犯罪律等見合遂僉議、平等ニ致決断、罪科相済候ハ、、一帳ニ書載置、五ヶ年一度相志らへ、後例可相成ヶ条ハ、遂披露を条々ニ可書載

とあって、後例が条々として追加記載されることがあったわけであるが、名例律無本条罪僉議条には、「何律之内何々律条々」と比べるとか、闘殴律二十五日有限之尊長を殴条には、「無本条犯罪律罪科増減律又ハ条々をも見合」僉議せよとか、受賍律法を曲法を不曲条には、「五刑図并条々をも見合」僉議せよとかあるし、また名例律八議之人犯罪条の条々二条が清律応議者犯罪条の条例二条に対比しているから、条々は科律制定当時のものとみるのが正しい。それでも科律施行後の実際に則し、追加すべきものがあれば条々で補足する用意があったようだし、ここに言う「五カ年一度」も、乾隆以後の清律が五年毎に条例を修補したことに対応したものであろう。それにしても条々があることは、条文の類推解釈は許すが、その判例はやがて正文化、あるいは正文と同効力をもつ条文となるものであったことを示し、あくまで罪刑法定主義の維持につとめたことの表われである。またもし後世追加された条々が事実あったとすれば、現在の書写本は、原本のままの内容をもつものからの書写ではなく、後年重修されたものか、あるいは常に加筆が可能になっていた平等所備付本の書写になったものと考えられる。(註)

以上のように、科律は清律(条例を含めて)を模倣したものであるが、一条を幾項にも分ち、詳細のあまり条文の冗長さは免れないほどである。しかし初めて法典を有する国として、罪刑法定主義を貫き通そうとする用意の周到さは、いたるところでみることができる。

次に科律は中国律の模倣法であっても、日本法を全然無視したものでもなかった。序文に大和（日本）代々の刑書も参考にしたと謳ってあるのは、単に修辞上の表現ではなかったようである。

第一に条文の表現に仮名交りの候文を採用していることは、日本法の影響である。もっとも沖縄では、早くから仮名の候文、ついで仮名交りの候文が行なわれていた。それは日琉の文化的交流によるものであるが、少なくとも一七世紀末頃からは漢文が公式文体となっているのに、一八世紀後半に成立した科律が仮名交りの候文であるのは、平民の文章である仮名交り文を通じて、法令を大衆にも徹底させようという意図があったからであろうが、他にはやはりそのころの日本法一般の表現に倣おうとする意図があったことが知られる。

その上に、琉球王国は一六四四年（正保元）以来、将軍の襲職には賀慶使を、国王の即位には恩謝使を幕府に遣わしていた。それらがまた日琉文化交流の機会ともなった。百人から二百人にわたる随員の中には、各方面の専門家が加わっていたことであろう。そのある者は日本の法制に興味を抱き、幕府の法令や藩法をはじめ既成法典の研修及び移入にもあずかったとみられる。武家諸法度その他の重要法令は、薩摩の手を経ても伝えられていたであろう。

科律を編集した尚穆王時代には、一七五二年（宝暦二）の恩謝使、一七六四年（明和元）と一七九〇年（寛政二）の賀慶使が派遣されている。その中、一七六四年の賀慶使の正使となったのは読谷山王子で、副使となったのは湧川親方であった。この二人は帰国後、科律編集のことを国王に請願している。一七四八年（寛延元）尚敬王時代に賀慶副使として江戸入りをしている与那原親方も、同じ請願者の良矩のことであろう。彼らは一七四二年（寛保二）に編集された公事方御定書の形式と内容を十分知ることができたに相違ない。

科律の条数は一〇三条である。これは御定書と同数である。一条を数項に分ち、候文で表現している点も同じである。それは偶然の一致であろうか。やはり琉球国が法典を具有して、法治国家の体制を備えるのに、御定書の制定が一つの動機となったことは否めないと思う。これは内容的継受の問題よりも、国家的理念の問題である。しかし内容は中国法に、表現形式は日本法によった法典が出現したのは、沖縄のおかれていた両属的位置の反映ともみられる。

日本法典を参考にしたとしても、古代や中世法典にまで及んだか、それは不明である。日本律令中現存する唯一の養老令（実は令義解及び集解として）の全巻が世に知られたのは、科律編集に着手する一七七五年以前であるが、そのころ覧ることができた律は、養老律の名例（一巻欠）・衛禁（一部欠）・職制・賊盗の四編だけであった。その中、名例・衛禁の二篇は紅葉山文庫に所蔵されていたので、一般に借覧できるものではなかった。それ故、沖縄側に日本律令を参考にしようとする意志があったとしても、少くとも律を参考にすることは困難であった。そうでなくとも、日本律令より中国律令を絶対視する態度を持していた。名例律で中国の十悪や八議を継受し、大宝・養老律の八虐や六議を斥けているなどはその一例である。

科律が日中刑法の影響を受けながら、固有の慣習法を尊重したことは言うまでもない。序文には、当邦（琉球国）の例を参考にしたとあるし、中山世譜及び球陽にも、本国（琉球国）の旧例を参考にしたと記してある。また科律と同時に成立した「糺明法条」にも、「和漢を本ニして御当地之宜敷を取合科律組立候付」と記してある。二、三の例をあげると、窃盗は清律では杖六十以上絞までとなっているが、科律での脇方盗は、当地の先例を勘案して科鞭二十五以上一世流までとしている。また不枉法も清律では杖六十以上絞までとなっているが、科律ではやはり当地の先例を考慮に入れて寺入五十日以上一世流までとなっている。更に十悪の中の大不敬には、天地社稷の祭祀物を盗むものも該当するが、科律は「天地之御祀御当地ニ而ハ難准候得とも、大概冬至元日幷御祈願等之御時御祭器御供物の類」

と註してある。沖縄ではつねに国ツ神や先祖神のいまし処であるお嶽《たき》を祀るのであるが、国王が冬至には北極を、元日には恵方を拝する行事が行なわれていた。しかしこれは天地社稷を祀るというよりは、お嶽を祀る意に通ずるものがあった。賊盗律「御墓所樹木盗」条に、嶽々並に御《ぐ》風水《ふんし》所《ごころ》（神聖な場所）に踏入する罪科の規定があるのは、右の大不敬と関係のある「御当地法」の一例である。科律に「御当地云々」と記してある部分は、すべて固有の慣例を指すものであるが、それらはかなり指摘することができる。

罪名・刑名・量刑などで、日中両国と異なるものがあるのも、固有の習慣に因由したものであろう。その一つとして、刑の種類に寺入という閏刑があるのは特徴的である。これは科牢・科鞭・所払などとともに、笞・杖・徒に対する閏刑で、笞十に対する五日を一等とし、徒三年の五百日（一五等）で終っている。その寺入を更に三等に区分して、笞罪に准ずるものは近所寺入として三寺を、杖罪に准ずるものは中途寺入として二寺を、徒罪に准ずるものは遠所寺入として一寺をあてている。寺入を科せられるものは五刑図によると、「諸士ハ寺入、無系者ハ科牢・科鞭」、「諸士ハ寺入、無系之者ハ所払」などとあるから、諸士以上に科するのを原則とし、その贖法の適用も行なわれていたが、後には百姓にして笞・杖・徒を適用すべき犯罪でも、罪状の軽いものは士と同様に寺入を科するようになった。

寺入の具体的執行法は明らかでないが、閉門や禁固のようなもので、強制的労役の伴わない拘束刑であったようである。そしてそれは犯罪者を優恤する意から出た閏刑であった。たとえば徒一年、准寺入百日、所払〆百日と規定してあるように、寺入と所払は、拘束日数の上では同一量刑である。しかし所払には贖法が適用されなかったから、やはり寺入は優遇された罪刑であった。宗門改めや葬儀・法要に縁の遠い沖縄の寺院が、刑の執行場になっているのは興味あることである。なお所払は、日本刑法の影響を受けたものであること疑いがない。

科牢・科鞭・枷号は笞・杖の換刑で、所払とともに無系者（百姓）に科せられた。実際の執行法には不明の点もあるが、一時的に大なる苦痛を与えることで、罪人を早く釈放しようとしたものである。これらも寺入の場合と同様、正刑より優恤されたものと考えられていたに相違ない。科牢・科鞭・枷号は、中国でも行なわれている刑罰であった。しかし成文法上のものでなかった。それが沖縄で成文法化されているのは、初めて刑法典を有する国として、徹底した罪刑法定主義を表明しようとしたからであろう。

閏刑・換刑が優恤を目的としていたほか、科律の本条には「罪人憐愍」、「罪人優恤」などの立条目的語がみえ、科律全体の量刑は清律に比し一般に軽い。たとえば前記の脇方盗や法不枉法などその一例である。その他、監守盗・御物盗・枉法などにも、死刑の極刑はない。沖縄は近代まで殺人犯をみないところであった。それだけ重刑による予防を必要としない処であった。従って五刑外の刑として簱引八付や凌遅や梟首を規定してあっても、それは法定主義の体裁上のものであり、わずかに謀反・謀大逆・謀叛などの政治犯に対する予防的なものであった。徒罪・流罪の正刑、寺入・所払などの閏刑があって自由刑が多いばかりか、流罪などは近流（流罪年数四―六年標準）・中流（八年）・遠流（一〇年）・年季無流（一六―二五、六年）・一世流と細分しているのは、事実上の死刑廃止とともに、刑法体系の進歩性を示すものと言えよう。肉刑と黥刑があるのは、日清の刑法を模倣したものであろうが、元来婦人には常時入墨が行なわれている国であったから、肉刑たる観念はそれほど強くなかったかも知れない。

註　巻一、五刑図条に「一、長き遠流八重山島、但年数十四五年、右ハ流十年ニ而軽く有之情罪者を為可配、五刑之外ニ立之、乾隆五十七年壬子二月達上聞候」とある。科律公布後のことであるから、明らかに原本編集後加筆されたものの系統であることを物語っている。

三、科律の施行と影響

近世の藩律で、中国律の影響を受けたものには、肥後藩の刑法草書（宝暦四）、紀州藩の国律（享和・文化のころか）、津軽藩の寛政律（寛政九）などがある。

刑法草書は最も完備したものとされるが、その八編九四条は、明の洪武三十年律にもとづき、多少清律を参考にしたものである。しかし条文の形式・内容の整い方は、到底科律に及ばない。その比較のため、科律の名例律「老幼廃疾犯罪」に対応する「老人幼少之者犯事」を記すことにする。

一、七十歳以上十五歳已下之者、徒刑以下を犯候ハヽ、贖刑を以宥之、死刑を犯候ハヽ、当罪を以て論す

一、八十歳以上十歳已下之者、徒刑已下を犯候ハヽ不加刑、死罪を犯候ハヽ、臨時上裁を仰く

但人を傷け、且致盗候ハヽ、父兄子孫より傷け候ものえ、医薬之料を給せしむ、盗之品者、財主え還附せしむ

一、九十歳以上七歳已下之者ハ、死刑を犯といへ共不加刑、若教て犯さしめ候ハヽ、教候者死罪を以論決

以上の三条のほか、寛政七年から天保十三年までの五例を記してある（京都帝国大学法学部編近世藩法資料集成第二巻熊本藩刑法草書付例）。紀州藩の国律は明律・清律を参照したものであり、津軽藩の寛政律は明律を主としたものであるが、清律を最も早く、しかも質量ともによく継受したのは科律である。肥後藩では清律に対する関心を高め、一七八九年（寛政元＝乾隆五四）に成立した清律例彙纂を訓訳したが、それが行なわれたのは、科律施行後約五十年の天保年間であった（増輯訓点清律彙纂序文参照）。

沖縄では清律例彙纂や大清律例根源に先立って、清律を駆使したばかりでなく、唐律以下の中国律全体を参考にして、沖縄に適用できるものはすべて継受し、森賢吾・鈴木繁両氏の編纂になる沖縄法制史をして、「科律は千余年の

発達を閲し来れる支那法を継受して、微を闡き細を穿ち、条理縦横痒を摩せざるなく、尨然たる大冊燦として刑法典の体裁を完備せり」と評せしめているほどである。

ただ法治国家としては遙に後進国家であった琉球国が、どれだけこれを施行し得たか疑問がなくはない。沖縄の旧例を十分に尊重したとはいえ、刑法の淵源、犯罪の成立・態様、刑罰の種類・体系・目的・適用面など、すべて中国に拠った法典を以って罪刑法定主義を維持することは、きわめて困難であったに相違ない。さきにあげた沖縄法制史は、科律の価値を称揚しながら、その一方では「中華に比べて民度文物猶幼稚の域にある南島の民に施すには、遂に長鞭の馬腹に及ばざるの憾あるを免かれず」と観察している。たしかに沖縄の民度文物は中国に比して劣っていた。しかし科律は単に象徴的法典でなく、法治国家としての秩序維持の現実的依拠体であった。一条の法文を冗長な程の条項に分け、法律的知識のない者にも理解できるように表現しているのは、初めての経験に属する法典の施行に、遺漏をきたせしめまいとする配慮からでたものであろうが、後に新集科律や法条を編集したのは、科律を施行した結果、追加条文の定立の必要を痛感したからである。更に科律の判決例が残っていることは、何よりもこの科律が死法でなかったことを物語る有力な資料である。判決例は平等所記録としてかなりの量のものがあったようであるが、戦災にあって湮滅し、奥野彦六郎氏が抜萃し編集した平等所記録（現崎浜秀明氏蔵）中に幾十例かみることができる。その点からみても、沖縄法制史の批評は当を得たものとは言えない。

沖縄が科律の施行にどんなに熱意をもっていたか、それは清律を中心とする中国律の理解に努力した点からも首肯されよう。王国では一八一五年（文化一二）、鄭良弼（世名城親雲上）と魏学源（楚南親雲上）の二人を清国に留学させ、律の研究を行なわしめている。清国では外国人に律を教授することを禁じていたが、両人は事情を説明し懇願して師につき、四年間修学して帰国した。その際、秋審秘本という律書を師から譲り受け、平等所に寄托している。帰国後の両人は、律例を講教したり、自国に援用できる条目を土文に訳したりして、科律の不備点を補っている。

科律の編集と律の研究は、新たな律の編集を促すようになった。科律の附属法として、同時に成立した糺明法条一巻は別として、一八三一年（天保二＝道光一一）に新集科律一六巻九五条が編集された。新集科律には科律と重複する名例・戸役・倉庫・賊盗・人命（八巻と十六巻に分載）・闘殴（九巻と十六巻に分載）・罵詈（十巻と十六巻に分載）・訴訟・受贓・犯姦・雑犯・断獄の篇目のほか、清律にあって科律になかった職制・公式・婚姻・祭祀・儀制・宮衛・関津・郵駅・河防・詐偽の篇目が加えられている。清律偏重の弊を除き、科律の補足を目的とし、あわせて科律字義に「其外にも入用之律目ハ、以後見合次第可組立」とあることを現実化したもので、結局清律の名例以下工律に至る篇目中、琉球科律及び新集科律にないものは、課程と軍政の二篇目だけである。

更に一八六〇年（万延元＝咸豊一〇）には、法条を編集して公布した。これは科律と新集科律の一部を抜萃したもので、形式内容とも著しく不備なものである。序文に「彼教条を読て人道を弁へ、此法条を見て刑罰を恐れ、子弟末々江茂申諭し、過を改め善に遷り、追々無刑之御代罷成候様可相嗜事」とあるように、刑法典としてよりも、さきに蔡温が編集した教条に対するもので、これを民衆に読みきかせて刑法の知識を与え、犯罪を予防するためのものであった。故に法条が公布された後も、科律はなお現行法典としての効力を失ったものではなかった。

このように刑法典の編集はあっても、行政関係法典はついに編集されなかった。宝暦・寛政年間に内法が制定されているが、一種の村内取締法ともいうべきものに過ぎない。行政関係法典が現われなかったのは、刑法のもつ教化主義を通じて法規範を維持すれば、社会秩序は十分保てると確信したからであろうが、単独の教令がかなり多方面にわたって制定されていることは事実である。

四、あとがき

太平洋戦争時まで、沖縄県立図書館に正副二本の科律の写本があった。一七八六年に編集された原本は平等所か評定所に保管されていたであろうが、それは一八七二年（明治五）の琉球藩設置のとき藩庁に引継がれ、ついで一八七九年（明治一二）の廃藩置県にあたり、県庁内に裁判係が置かれて県官が司法事務を兼務した際には、沖縄県庁に引継がれたと思われる。一八八三年（明治一六）四月二十四日、沖縄県令兼検事を辞めた上杉茂憲の五月十一日付事務引継書類の沖縄県書籍目録中にみえている「科律」は、それであったかも知れない。明治十八年十二月廿三日、顧問から県庶務課に送付した「旧藩科律抜萃」には、「平等方罰則ハ琉球科律一冊幷同新集一冊法条一冊旧藩ヨリ引継相成、貴課ヘ備付有之候ニ付不差出候也」と記してある。図書館本はこの本からの書写本であろう。また一八九一年（明治二四）独立した地方裁判所にも科律が保管されていたとのことである。これらの諸本は、序文に記したように、一九四五年の沖縄戦で、他の蔵書とともに湮滅し、現存知り得る限りでは、沖縄現地には科律は残存していない。日本本土には、法務省図書館と慶応義塾大学法学部図書室におのおの一本の写本があるが、おそらく完本としてはこの二本だけであろう。またわずかではあるが、諸書に引用条文を散見することができる。ただし法務省には、ほかに三巻本の科律（写本）があったが、今次の太平洋戦争中疎開先において「琉球藩制」・「琉球藩諸調査」とともに焼失してしまった。

法務省本は沖縄県名入りの一頁一三行、大判美濃朱罫紙に墨書している。表紙に明治廿三年と記し、長崎控訴院検事局と押印してあるから、同控訴院管轄下にある沖縄県人の裁判の参考資料にするため、沖縄県をして書写させ、送付を命じたものであろう。送付の時期はそれよりも早く、明治廿三年は特別保存記録として入架した年と思われる。数人の筆になるものであり、いくらかの訂正を加えてあっても、誤字や脱字がかなり多く、ときには数行にわたる脱漏や、「条々」の本文混入などがある。明治廿三年科律とともに入架したものに、「新集科律」・「琉球八重山島宮古島科人公事帳」があり、これらも現在は法務省図書館に蔵されている。慶応本は太政官名入りの一頁一〇行、大判美濃朱罫紙に墨書している。いくらかの蠹蝕がある。同本は村田保家から寄贈されたものとのことであるが、おそらく明治の旧刑法制定の際、太政官が取り寄せた各藩刑法を、刑法草案審議委員の一人であった太政官権大書記官兼外務権大書記官村田保が、調査上書写させたものであろう。綿密に朱で訂正書入などを行ない、善本とするに十分なものである。もとより慶応本が古いが、両本が同一本からの書写本であることは、巻五田宅律「器物作毛破壊」条に、「謄写子曰、此二字未タ何ノ字タルヲ詳ニセス姑ラク原本ノ字形ヲ写スノミ」とあること、また倉庫律「御米納限」条に、「上ノ注原本ノ字形ヲ写スノミ」とあることが、両本にあることで知られる。

科律を内容上最初に紹介したのは、既述した明治十八年の旧藩科律抜萃の「寺社座罰則」で、ついで明治三十六年刊行の沖縄法制史がある。また仲吉朝助の琉球産業制度資料(近世地方経済史料巻九・十所収)には数条の引用があるが、それは仲吉氏の明治二十五年から三十九年までの沖縄県庁在職中に収録したものの一部である。更に崎浜秀明氏は法務省本科律のそれを意訳して、昭和三十六年四月復刊の「沖縄文化」第一号以下に連載し、ついで昭和三十九年五月、沖縄旧法制史料第一巻に収めて謄写印刷をした。ただ慶応本による校訂がなされてないため、法務省本のもつ不備がそのままになっているのは惜しむべきである。なお法務省本のマイクロフィルムは、琉球大学・ハワイ大学東西文化センター・シラキュース大学などにある。

註　「琉球科律について」（日本歴史一五五号＝昭和三十六年五月）には、かなりの誤謬があったので、本解説で訂正しておいたつもりである。

紅明法条　解　説

紅明法条一本一六条は、平等所役人の裁判上の重要な注意事項を記したもので、その前書に、「科律組立候付、左条之心入を以相糺、紅明筋無取違致執行候儀可為肝要事」とある。科律と同時に成立したものである。しかしこの法条は、すでに科律以前に成立していたものを、科律の施行に適合するよう損益したもののようであるが、以後においては、科律・新集科律の施行力の如何にかかわらず、裁判官の裁判に臨む不変の心構えというよりか、むしろ法規として効力をもってきたものであった。またその数条は、乾隆三十三年に制定し、同治十四年までに三回損益した八重山島・宮古島科人公事帳の内容になり、「乳子持合女」条などはほとんど同文のままである。

なお紅明法条は琉球大学附属図書館に同治三年（一八六四＝元治元）書写本が保存されている。これは八重山石垣市の宮良家（松茂氏当親の署名がある）の所有になっていたようであるが、八重山にあったが故に戦禍をまぬがれたものでおそらく現地沖縄での唯一の写本であろう。達筆で墨痕鮮かに書かれ、誤字・脱字は皆無に近い。本書の校訂はそれによった。

琉球科律序

夫国家を治むるの道ハ、徳教を本とすと雖も、律令の制是亦定めずんバ有べからず、つら〳〵其書の本旨を考ふ類《(る)》に、万民をして習染の悪をさらし、固有の善に復らし、専ら刑なからしめん為に著し給ものなり、然るに本邦元より定まりたる刑書なくして、凡罪犯擬議乃時先例に準じ行ハるるといへども、彼にハ軽く此にハ重く見へて決しがたき事もあれバ、甚ハだ誤る事もあらんかと主上深く憂ひ煩ハせ給により、摂政尚姓読谷山王子朝憲、三司官馬姓宮平親方良廷、向姓湧川親方朝喬、馬姓与那原親方良矩申合、科律を編集せしめん事を請ふ、于茲

主上歓ハせ羅《(ら)》れ、此事を允し給ふて、乾隆四十歳乙未臘月六日向姓伊江親方朝慶、馬姓幸地親方良篤を科律編集奉行に命じ給ふ、依之面々心を尽し精を出し、唐大和代々の刑書及び当邦之例をも考ひ合せ、専ら経書律意を本とし、時宜人情に背かざ類《(る)》やうにして今般既に編集しければ、逐一評閲を加へて照覧に備ひ奉るに、自今以後宜く此書を以て慎て施し行ひ、専ら教化の助希《(け)》にせよとの御諚を蒙り努《(ぬ)》、嗚呼執法の面々克々おもん見るべし、夫死す類《(る)》もの又生べからず、断ものふたゝびつぐべからず、故に我が

主上如此刑憲を慎ミ給ひ、偏に風化を助けん為に編集致させ給ふものなれバ、謹て此御心を体認し奉り、平日無間断此書を致熟読無限含たる道理を尋究め、且刑罰不当ときハ民手足を措くに所なゝ、且其情を得る時は哀矜して喜ぶことなかれ、且生道を以民を殺すときは、死すといへども殺すものを恨みずと、聖賢段々仰置る趣を心肝に銘じ、聊も吹毛求疵、惨刻厳刑のそしりなきやうに取行ひ、全教化の補助にならんことを希ふものなり

于時乾隆五十一歳丙午季夏日

三司官
馬姓
与那原親方
良矩
向姓
譜久山親方
朝紀
向姓
伊　江親方
朝慶

律　目

名例上

名例中

一　御物法外取納
一　御物不足
一　御物相役人へ逢盗
一　御物凡人へ逢盗
一　取払遅滞
一　御物損壊
一　上納物運漕

銭債

一　借物
一　預物
一　拾物

市廛

一　諸物代立
一　押買押売
一　斗斛斤量定規私作

廐牧

一　牛馬を殺

一　牛馬人を咬踢

賊盗上

一　御内原御物盗
一　御墓所樹木盗
一　役人盗
一　御物盗
一　強盗

賊盗中

一　脇方盗
一　牛馬畜類盗
一　野原作毛盗
一　親属盗
一　人を威財を取
一　公私之財物掠取

賊盗下

一　墓を開
一　夜無故人家ニ入

一　盗賊宿主
一　同謀盗
一　盗取不得盗取差分
一　入墨

人命

一　謀殺
一　喧嘩殺害
一　戯殺傷誤殺傷過失殺傷
一　弓箭を以人を傷
一　馬を馳人を殺傷

闘殴

一　喧嘩打擲
一　療治日限
一　任威力人を責
一　廿日以下有服之尊長を殴
一　廿五日有服之尊長を殴

罵詈

一　悪口

一　尊長を詈

訴訟

一　落書

一　訟状不取揚

一　訴訟取捌辞退

一　名義を犯

受贓

一　法を枉法を不枉

一　贓坐

一　賄受納之約束

一　賄を遣内意

一　於曖所財物を貪

犯姦

一　犯姦

雑犯

一　放火

一　不応

捕亡

一　罪人捕を防
一　牢人逃走
一　流人欠落
一　罪科支配日限
一　不覚牢舎人逃走
一　罪人を隠

断獄上

一　罪人牢込
一　無罪人牢込
一　牢人を虐
一　牢屋締方
一　牢人介抱預
一　老幼糾明
一　訴状表問付
一　糾明済赦免

断獄下

一　再糾
一　糾明筋心服
一　寺入締方
一　婦人犯罪

営造

一　自儘造作
一　木石取出不堪用
一　調物法違
一　諸入料掠破

科律字義

一　老幼　七十歳以上を老と云、十五歳以下を幼と云、十六歳以上ハ成長也
一　廃疾　一手一足之間折或ハ腰肩折或ハ侏儒或啞或癡呆或ハ脚痛等之苦患を受、免や角渡世可相達類之片輪者を言
一　篤疾　両目瞎或両手両足之間折、或本ゟ一目瞎幷一手一足之間折候者を、今又一目一手一足之間折癲狂或癲等之患難を受、一世叵相遂類之片輪者を云
一　折傷以下　手足幷礫棒抔ニ而打不疵付幷疵を付、或ハ耳目之内ゟ血出し、或臓腑内損ニ而吐血幷下血させ、或皮打破血出し、或鼻穴より血出し、或髪一寸かく以上抜去し、或穢物ニ而人之頭面を汚し候類五段之罪名

一折傷以上　歯一手足之間指一打折、或一目眇ニ成、或耳鼻くじり破、或首を傷し、或火湯抔を以疵付、或穢物を口鼻之内入、或歯二指二以上打折、或ハ髪切去し筋骨打折り両目眇、或懐人を擲流産、或刃物を以疵付候類三段之罪名

一尊長　尊ハ父同列之伯叔父母以上を云、又尊属とも云も同断、長ハ我身同列之兄姉を云

一卑幼　卑ハ子孫以下をいふ、幼ハ自身同列之弟妹を云

一無服之親　無服之親敷とハ、内外共大概忌相逃候共次之間柄高祖之兄弟、身之四従兄弟之類、然共依事一定其通ニ而叵召行、右外ニも無服之親ニ取候て可然儀も有之候ハヽ、其期ニ至り僉議可有之

一刁姦　色男之巧言ニ靡、夫ニ背き他所へ被誘出止宿抔ニ而姦するを云

一輪姦　男数人寄合女一人代々姦するを云

一搶奪　強盗ニ似寄人目も不憚日中あらハニ他之財物奪取候盗名

一掏摸　他之荷物幷着衣印籠道乱提物之類密ニ切盗候盗名

一規避　大概利を求害を可避所巧を規避と云、縦令ハ黒き物を白しと申廻、或角を丸有之由変化之取廻ニ而罪科又ハ難儀之勤を可避所巧を云

一光棍　傍若無人之挙動ニ而或貪欲或落書或讒訴或喧嘩或借物無首尾なとヽあらざる申懸ニ而縄抔懸、理不尽召扱財物責取、或其所巧不遂ニ依て忿を起擲殺し候類之悪党者之名号

一謀殺　隠謀偽計を以人を殺候名号

一故殺　大概喧嘩之中与風相手之者を殺さんとの思差発、組合者共へも不告和気ニ乗じ打殺候名号

一戯殺　大概棒拳抔ニ而打合、或津湊水泥深く又ハ渡船朽弱叵過渡段乍存水泥浅舟も堅固有之由申戯、怪我ニ為及候類之名号

一誤殺　喧嘩打擲幷人を謀殺故殺候迚誤て傍人を殺名号

一過失殺　禽獣を射幷何歟ニ付礫を投、不期して人を害し、其外右躰之所行ニ而人を殺名号

一大清律四百三十六門之内当用可罷成科律百二ヶ条組立置候、其外ニも入用之律目ハ以後見合次第可組立

一清律一門之内、当用有間敷ヶ候ハ科律不組入相省候も有之、且訳ニより別律又ハ諸書より書加へ候も有之

一科律之儀専時之宜しきを取、就中諸律各致聯属候付、縦令相当不致情罪出来有之候共、一時之見立を以うかと取直候ハヽ、律意致変乱、彼是相違可相成候間、何歟相当不致儀有之歟、或本条無之情犯出来有之節ハ、無本条犯罪僉議律等見合遂僉議平等ニ致決断、罪科相済候ハヽ、一帳書載置、五ヶ年一度相しらべ、後例可相成ヶ条ハ遂披露、条々ニ可書載

六贓図

贓とハ盗物并賄賂物等都て罪科可相非理之物之名号、其数六ヶ条之罪名有之、一ニハ役人盗、二ニハ御物盗、三ニハ法を曲、四ニハ脇方盗、五ニハ法を不曲、六ニハ贓ニ坐条目ニ而六贓と云

一六贓之内役人盗科律尤重し、其次ハ御物盗幷法を曲る科律、又其次ハ脇方盗幷法を不曲科律、又其次贓ニ坐律ハ尤軽き科律也

一六贓ハ贓犯諸条之科定本ニ而贓犯之類ハ惣じて六贓之科定本ニして増減有之

役人盗	職役人存之御物盗取律名	一科定盗物不分取も無構四年以上一世流まで従者壱等減
御物盗	当役人之外御物盗取る士民之律名	科定盗物不分取も無構流三年以上一世流迄従者一等減
法を曲	大概何ぞ之事係有之人ゟ賄を受公法曲行ふ律名	科定寺入六十日以上一世流迄尤贓物分取高を以論候故首従差分無之
脇方盗	昼夜ニ不限人目を忍脇方之財物盗取る律名	科定盗物不分取も無構科鞭二十五以上一世流迄従者一等減
法を不曲	大概何ぞ之事係有之人ゟ賄を受公法不曲行律名尤贓数半減を以相立置候間其差引可有之	科定寺入五十日以上一世流迄尤贓物分取高を以論候故首従差分無之
贓坐	大概不相応進物又ハ何歟不可取物を取、或御物仕立方等ニ法違、又ハ何歟首尾違ニ而御物失墜有之類を贓ニ準可論律名、尤贓数半減を以相立置候間其差引可有之	科定寺入五日以上五百日迄

准十笞	准廿笞	准十三笞	准十四笞	准十五笞	准十六杖
寺入五日 科牢ニメ一日 科鞭ニメ二	寺入十日 科牢ニメ三日 科鞭ニメ五 枷号ニメ一日	寺入十二日 科牢ニメ六日 科鞭ニメ十 枷号ニメ二日	寺入十三日 科牢ニメ九日 科鞭ニメ十五 枷号ニメ三日	寺入十四日 科牢ニメ十二日 科鞭ニメ二十 枷号ニメ四日	寺入十五日 科牢ニメ十五日 科鞭ニメ二十五 枷号ニメ五日
					本律賍艮十匁以下 賍分十貫文以下 十貫文以上百貫文ニ
賍分十貫文以下 十貫文以上五十貫文ニ 至らず内罪科同断、後 条差引方准之	本律賍艮十匁以下 同五十貫文	同百目 同百貫文	同弐百目 同弐百貫文	同三百目 同三百貫文	同四百目 同四百貫文

	杖七十准	杖八十准	杖九十准	杖一百准	徒一年准
	寺入六十日 科牢ニメ十八日 科鞭ニメ三十 枷号ニメ六日	寺入七十日 科牢ニメ廿一日 科鞭ニメ三十五 枷号ニメ七日	寺入八十日 科牢ニメ廿四日 科鞭ニメ四十 枷号ニメ八日	寺入九十日 科牢ニメ廿七日 科鞭ニメ四十五 枷号ニメ九日	寺入百日 所払ニメ百日
	法を枉る				
	枉法本律贓良十匁以下 贓分十貫文以下 十貫以上五十貫文ニ 至らず内罪科同断 後条差引方可准之	同五十目 同五十貫文	同百目 同百貫文	同百五十目 同百五十貫文	同弐百目 同二百貫文
至らず内罪科同断 後条差引方可准之	同百目 同百貫文	同二百目 同二百貫文	同三百目 同三百貫文	同四百目 同四百貫文	同五百目 同五百貫文
	同五百目 同五百貫文	同六百目 同六百貫文	同七百目 同七百貫文	同八百目 八百貫文	同壱貫目 同千貫文

徒一年半准	徒二年准	徒二年半准	徒三年准	徒五年准
寺入二百日 所払ニメ二百日	寺入三百日 所払ニメ三百日	寺入四百日 所払ニメ四百日 流ニメ二年	寺入五百日 所払ニメ五百日 流ニメ三年	流四年
			御物盗贓分百貫文以下五百貫文に至らず内流三年、尤流四年以上法を曲科律同断	本律雑犯斬贓艮四百目 贓分百貫文以下 百貫文以上五百貫文ニ至らず内罪科同断、後条差引方可准之
同弐百五十目 同二百五十貫文	同三百目 同三百貫文	同三百五十目 同三百五十貫文	同四百目 同四百貫文 常人盗本律贓艮四百目 同四百貫文	法を曲 同五百貫文 常人盗本律雑犯絞贓艮 八百目
同六百目 同六百貫文	同七百目 同七百貫文	同八百目 同八百貫文	同九百目 同九百貫文	同千貫文
同弐貫目 同二千貫文	同三貫目 同三千貫文	同四貫目 同四千貫文	同五貫目 同五千貫文以上	

流二千里准	流二千五百里准	流三千里准	絞斬候准
流六年	流八年	流十年	一世　情罪次第長き遠流ニ而も僉議次第
条例贓良壱貫目以上三貫三百目以下　同五百貫文	同千貫文	同十貫目　同千五百貫文	同七千貫文以上
法を曲本律贓良四百五十目　同千貫文　常人盗条例贓良八百五十目	法を曲本律贓良五百目　同千五百貫文　常人盗条例贓良九百目	法を曲本律贓良五百五十目　同二千貫文　常人盗条例贓良九百五十目	法を曲本律贓良八百目　同八千貫文以上　常人盗条例贓良壱貫目以上
本律贓良壱貫目　同二千貫文	同壱貫百目　同三千貫文	同壱貫弐百目　同四千貫文	同壱貫弐百目以上　同壱万貫文以上

役人盗科律ハ監守盗常人盗条例ニ准じ、御当地先例取交流四年以上一世流迄科定組立置罪従者一等減

一監守盗清律杖八十以上五徒三流斬罪ニ而六贓之内尤重し、然処流罪死罪ハ其名有之迄ニ而実ハ准徒四年五年引替現罪無之、却て

余之賍犯より軽し、然共法義之上ニ而ハ斬罪ニ可処情罪ニ而斬罪之名ハ不易　且御物盗取者ハ国之害かゝるといへども其害軽し、且脇方之財物盗取幷賄を貪る者ハ、士民之害ニかゝり尤其害重し、夫故枉法不枉法窃盗ハ流罪死罪之現罪ニ入　取分法義厳重ニして貪慾盗賊を止むる徴権なる由、然る処監守盗も徒罪迄ニ而ハ相応不致訳為有之哉　条例ニハ定数之賍高より多盗取者ハ流罪之現罪ニ入、且常人盗清律杖罪より相起候処、条例ニハ不得盗取者茂　徒罪ニ入候も有之故、彼是差引科定組立置候、去ながら盗物高多弐万貫文以上ニ及、情合も悪敷、定法一世流ニ而叵差通者ハ、死罪ニ而も僉議次第と役人盗律条ニも相立置候

一御物盗科律ハ、条例幷御当地先例取交流三年以上一世流まで科定組立置候従者一等減

一常人盗清律杖七十以上五徒三流絞罪迄ニ而候処、流罪死罪ハ徒罪引替現罪無之候、然処条例ニハ盗取不得者モ　徒罪ニ入、且定数之賍高ゟ　盗物多き者ハ流罪充軍死罪ニ入候も有之故、彼是差引科定組立置候、去ながら盗物高多三万貫文以上ニ及情合も悪敷、定法一世流ニ而叵差通者ハ、死罪ニ而も僉議次第と御物盗律ニも相立置候

一法を曲科律ハ枉法清律杖七十以上実絞ニ准　御当地先例取交寺入六十日以上一世流迄科定組立置候、賍物分取高を以論候故、首従差分無之

一前条御物盗ハ御物盗取、且本文賄を受公法曲行不《(ふ)》者ハ国法を盗、其情犯御物盗同断之内、夫ニ付科定御物盗ニ相付組立置候
然処御物盗同等流刑以上科定組立候而ハ重く相見得候故、寺入五百日以下ハ清律ニ准じ、流四年以上ハ御物盗同等科定組立置候

一脇方盗科律ハ窃盗清律杖六十以上実絞迄従者一等減候付夫ニ准御当地先例取交科鞭二十五以上一世流迄科定組立置候従者一等減

一竊盗清律数ヶ所より盗取置候共、惣不一所之盗物取合重を以可治罪律法也、然共御当地ニ而ハ相応不致故数ヶ所より之盗物取合惣高を以科定差引相立置候

一法を不曲科律ハ不枉法清律杖六十以上実絞候准御当地先例取交寺入五十日以上一世流まで科定組立置候

一本文公法不曲行と雖も、賄を受其情犯盗同断、夫ニ付科定贓方盗ニ相付組立置候然共贓方盗ハ財を失ふ者之為罪を定る之法義ニ而、盗物分取不分取も無構惣高を以論首従差分有之、且此条ハ財を貪る者之為之法義なる故、縦令一人ニ而数人之財を受、或数人ニ而一人之財を分取と雖も、各分け取高を以論候故、首従差分ケ無之、尤贓物も半減を以相立、実ハ一倍之差引を以其罪ニ入候筋ニ而、軽重差別有之

一贓坐科律ハ坐贓本律笞二十以上徒三年ニ准御当地先例取交寺入五日以上五百日迄科定組立置候

一何歟不可取物を取、其外御物仕立方等ニ付、法違ニ而無益之失墜有之、現贓無之類も此律を以論、贓犯之内尤軽し、贓数も半減を以相立置候ニ付、実ハ一倍之差引を以其罪ニ可処

贖銭図

無財者ハ律法之通現罪	諸士百姓	老幼廃疾
寺入五日	贖分五貫文	贖分壱貫文
寺入十日	同十貫文	同二貫文
寺入二十日	同二拾貫文	同四貫文
寺入三十日	同三拾貫文	同六貫文
寺入四十日	同四拾貫文	同八貫文
寺入五十日	同五拾貫文	同拾貫文

寺入六十日	同六拾貫文	同拾弐貫文
寺入七十日	同七拾貫文	同拾四貫文
寺入八十日	同八拾貫文	同拾六貫文
寺入九十日	同九拾貫文	同拾八貫文
寺入百日	同百貫文	同弐拾貫文
寺入弐百日	同二百貫文	同四拾貫文
寺入三百日	同三百貫文	同六拾貫文
寺入四百日（流二年贖分同断）	同四百貫文	同八拾貫文
寺入五百日（流三年贖分同断）	同五百貫文	同百貫文
流六年		同百弐拾貫文
流八年		同百四拾貫文
流十年		同百六拾貫文
一世流（三流贖分同断）	同千貫文	同弐百貫文
死罪（二罪贖分同断）	同千五百貫文	同三百貫文

贖銭条々

一近所寺入以上流罪死罪ニ到り、五刑皆共贖法相定置候、然処贖分引替、又ハ引替不差免差分方ハ各律条書載ざるも有之候間、大概左条ノ通其事之情合ニ依て議定し、遂披露首尾方可有之

一大概職役人等中途寺入以下之犯罪ハ、公罪私罪を犯律条見合遂僉議贖分引替可申付

一大概犯罪人公務係り歟或当病歟忌歟、或親子兄弟其外同居之者重病歟、或医師手替難致養生方取遣候歟ニ而、贖分引替之願申出候ハヽ、牢人介抱預り律見合遂僉議引替可申付、若訳ニより引替難申付情罪者ハ、入寺召延其事相仕廻次第入寺申付候共、是又僉議次第

一入寺内右体差合有之者も同断、若贖分引替難申付者ハ暫出寺申付、其事相仕廻次第残日数入寺申付候共、是又僉議次第

一遠所寺入以上ハ贖分引替之例ニあらざれども、若訳ニより引替不申付候而不叶情罪も可有之故、一定法義ニかゝハる間敷候

一職役人御物筋ニ付而、贖分引替之願各手元之頭役次書を以申出候ハヽ、平等之側吟味之上遂披露、贖分引替可申付

一当病并病人看病方ニ付而ハ、自身書付ニ医師次書、且忌係りニハ自身書付、且医師手替難致養生方ニハ病家書付を以訟出べし、入寺内当病之節ハ住持次書

一職役人御物ニかゝり貪欲之犯罪、或各律条犯罪を犯者、又ハ十悪之条内十悪を犯縦令常赦有之候共不有犯罪者、或名義を犯律内尊長之非分訴人之卑幼、或賄を受法を曲律条賄を受態々罪を免す犯罪者、或犯姦律并盗賊律内犯姦犯盗、或喧嘩打擲律内人を殺し傷類之所犯ハ、情罪悪敷故贖

分引替差免間敷候
附、贖分引替不申付候而不叶訳有之者ハ、堅吟味之上遂披露、贖分申付候共僉議次第
一老幼廃疾者幷凡人ニ而も、何歟不意ニ出たる犯罪者、或人之為ニ連累之事情可憐愍者、或大切成公用相嘱候者共ハ、僉議之上五刑皆其贖分引替可申付、老病以前之犯罪律幷犯人存留親を養律等之情罪も同断
一老幼廃疾者之外、凡人ハ定法贖分引替可申付者ニ而も、流刑以上之罪科ハ御物奉行申口入、再評首尾方可有之
一老幼廃疾者贖分ハ図之通甚少し、是老体幼少又ハ廃疾之片輪に成たる者を可憐恤律意也、去ながら一定本法を以「難召行儀も可有之候間其期ニ到り各身分ニ応じ」僉議可有之
一何卒之儀ニ付人を無理非道ニ召扱、訳ニより贖分引替候節ハ、無理召扱ハれたる人江被下候とも僉議次第
一贖分引替遂披露相済候ハヽ、其訳罪人帳朱書御坐印押、犯人召寄納方可申渡
一入寺内ニ而候ハヽ、訟済候次日ゟ残日数納方可申渡
一贖申付候者共、納方及延引者ハ、図内無財者例ニ准じ、現科可申付
一嶋知行持幷御扶持人、何ぞ之依不届科料分申付候節及不納候ハヽ、知行作得御扶持方之内より直取納、無足人又ハ無系者ハ見合次第、寺入科牢等ニ咎替可申付
一死亡之者ハ不及申、老幼廃疾其外何歟現罪難申付者共果して無財ならバ、僉議之上遂披露、贖分罪科全く可令宥免

過失人を殺傷贖銭

過失殺	一世流 絞贖良百二拾四匁二分 贖分五百貫文				
廃疾篤疾	寺入五百日 徒三年贖良七拾匁九分 贖分二百八拾五貫文	流十年			
折傷以上	寺入九十日 杖一百贖良拾七匁七分「四り」 贖分七拾貫文	寺入百日 徒一年贖良三十五匁四分八り 同百四拾貫文	寺入三百日 徒二年贖良五拾三匁二分二り 同二百拾貫文		
折傷以下	寺入十日 笞二十贖良二匁五分五り 贖分拾貫文	寺入二十日 笞三十贖良五匁三分二り 同二拾貫文	寺入三十日 笞四拾贖良七匁九り 同二拾五貫文	寺入四十日 笞五十贖良八匁八分五り 同三拾五貫文	寺入七十日 杖八十贖良十四匁一分九り 同五拾五貫文

此通法義相立置候、若老幼廃疾之者相犯候節ハ前々贖分図内老幼廃疾之贖分高見合僉議可有之

右之通贖分之法義相立置候得共、一定其通難召行者ハ堅吟味之上増減可有之

五刑図 笞杖徒流死五刑之図ニ准

笞罪准			
近所寺入	遍照寺神応寺同等	五日 科牢ニメ一日 科鞭ニメ二	一諸士ハ寺入無系者ハ科牢科鞭
		十日 科牢ニメ三日 科鞭ニメ五 枷号ニメ一日	
	竜福寺	廿日 科牢ニメ六日 科鞭ニメ十 枷号ニメ二日	
		卅日 科牢ニメ九日 科鞭ニメ十五 枷号ニメ三日	
		四十日 科牢ニメ十二日 科鞭ニメ二十 枷号ニメ四日	
中途寺入	神宮寺	五十日 科牢ニメ十五日 科鞭ニメ廿五 枷号ニメ五日	一諸士百姓罪名差分ハ近所寺入同断
		六十日 科牢ニメ十八日 科鞭ニメ三十 枷号ニメ六日	
		七十日 科牢ニメ廿一日 科鞭ニメ卅五 枷号ニメ七日	
	観音寺	八十日 科牢ニメ廿四日 科鞭ニメ四十 枷号ニメ八日	
		九十日 科牢ニメ廿七日 科鞭ニメ四十五 枷号ニメ九日	
遠所寺入	照泰寺	百日所払ニメ百日	一諸士ハ寺入無系之者ハ所払
		二百日 所払ニメ二百日	
		三百日 所払ニメ三百日	
		四百日 所払ニメ四百日 流ニメ二年	
		五百日 所払ニメ五百日 流ニメ三年	
流刑	久米嶋	近流 四年 六年 三年配所ハ渡名喜粟国嶋見合次第	一長き遠流八重山嶋 但年数十四五年
	宮古嶋	中流 八年	
	八重山嶋	遠流 十年 一世 一世配所ハ両先嶋并同離も見合次第	
死刑	死罪		一図内死罪ハ一門親類江引渡品能
	斬罪		

一図内科拷之罪名無之候間軽々敷相用間敷候、然共所払流刑可申付者科替之節是非可相用候而不叶期ニ至而ハ、堅吟味之上相用候共僉議次第

一図内科牢ハ廿七日迄召止置候得共、時宜次第相重召行候共僉議次第

一科鞭四十五まで召止置候得共、是又五十迄ハ相用候得共僉議次第

一照泰寺へ百日入寺申付重く有之節ハ、観音寺へ百日可申付

一寺入五百日ニ而軽く有之情罪者ハ、六百日以上千日迄入寺申付候共僉議次第

一情犯悪敷寺入四百日五百日申付相応不致者ハ流二年三年引替可処罪

右ハ流十年ニ而軽く有之情罪者を為可配五刑之外ニ立之

乾隆五十七壬子二月

達上聴候

一年季無流八重山嶋

但罪之軽重歳之老若見合十六年ゟ廿五六年迄

右ハ一世流ニ而重長き遠流ニ而ハ軽き情罪者為可配五刑外ニ立之

死亡可申付

一籏引八付

右ハ謀反叛逆其外籏引斬罪ニ而難差通重罪者を為可配五刑之外ニ立之

一籏引斬罪

右ハ籏引八付ニ而重ク有之者ヲ為可死配五刑之外ニ立之

琉球科律　巻之二　名例上

名例上

十悪 五刑之内重悪十ヶ条之名号を記す

五刑之訟を決断するにハ、必父子之親君臣之義ニ原づき、又五刑を制し定むるにハ、必天倫ニ本づく、然るに十悪ハ君をなみし、親をなみし、五倫を反し、徳を乱し、至て重要なる故、天地の許容せさる所、神人ともに憤る所なり、依之死罪に可処重犯ハ縦令常赦あるといへども不宥、尤死罪ニあらざるも又倫理ニ背くゆへに、世人為

見示十悪之名目を諸律之首ニあらハして、其禁戒をしらしむるなり

一一ニハ謀反謀反大逆律ニ見得る

一謀反とハ社稷を危せんと謀るを云ふ、社稷とハ天下と云こと也、社ハ土之神、又稷ハ五穀之神、又君ハ神王也、尤民ハ五穀を天とす、ゆへに専民の為に社稷を祀る、されバ国家静謐なる時ハ社稷も又全く伝はる故、国家と云事を社稷と云、若謀を企、天下危難ニ及ぶときハ社稷ともに危難「ニ」及ぶ、ゆへに天下とハ不云、社稷と云也

一二ニハ謀大逆謀反大逆律ニ見得る

一謀大逆とハ御宗廟幷山陵宮闕を毀たんと謀事を云ふ、扨御宗廟山陵ハ先君ニ対し奉りて云、宮闕ハ当君に対し奉りて云ふ、果して其奸謀於有之ハ、逆意是より大なる事なし、尤社稷ハ国之所立、宗廟山陵宮闕ハ君之所有、されバ謀反ハ国に及ぼし、謀大逆ハ君ニ及ぼすゆへにあらハに指して不云、社稷を危せんと謀ると云、又宗廟山陵宮闕を毀たんと謀ると云、尤謀反ハ国をなみし、大逆ハ君をなみし、其仕向両条間あるといへども、不臣之心ハ一ツ也

一三ニハ謀叛謀叛律ニ見得る

一謀叛とハ本国に背てひそかに他国へ従んと謀るを云、且衆を率て他国へ欠落せんとの奸謀の類込る、されバ君臣之義天地之間逃る所なし、尤右躰之奸謀ハ、義を棄君を忘るゆへに、其罪謀反大逆差次之重罪也

一四ニハ悪逆祖父母父母を謀殺律ニ見得る

一悪逆とハ祖父母父母幷夫之祖父母父母を殴或ハ殺さんと謀り、或ハ伯叔父幷其妻伯叔母兄姉外祖父母夫を謀殺し故「殺し」殴殺する重悪之名号「也」、縦令殺さんと謀り候とも殴候共、未不殺死内ハ、後条不睦を以可論、是等之情犯ハ人倫を蔑し、絶天性之傷残

し、悪逆をほしひまゝにする故悪逆と云也

一五ニハ不道殺一家三人律幷採生折割人律造畜蠱毒律ニ見得る

一不道とハ一家之人死罪にあらざるの三人を殺し、或人之四肢を切り解絶命させ、或ハ色々之邪術を以殺害するの類也、是ハ兇悪至極尋常之人を殺害するの比にあらず右躰之悪意を安んじ、人を殺事も何とも不思、正道に背き棄たる悪行なる故不道と云也

一六ニハ大不敬盗大祀神御物律盗内府財物律合和御薬律乗輿服御物律等ニ見得る

一大不敬とハ天地社稷之御祭祀、天地之御祭祀御当地に而ハ難準候得ども、大概冬至元日幷御祈願等之御時、御祭器御供物之類又ハ御宗廟御餝物御香炉戸張之盗取、或ハ御印盗取幷似作、又ハ御服幷御禁物等盗み候も込る或ハ御服薬調和するに誤て本法によらず、幷配剤書誤り、或御膳ニ誤て相禁じたる食物を加へ、或御召船誤て堅固ならざるを云、尤御服薬調合等ニ付而ハ、縦令誤りより出たる事といふとも、又不敬とす、されバ臣下たる者ハ奉対主君可敬謹義勿論之事ニ而、誤りたるも畢竟軽忽之所為による、即不敬是より大なる事なし

一七ニハ不孝名義を犯律罵祖父母父母律別籍異財律子孫違犯教令律居喪嫁娶律匿父母夫喪律ニ見得る

一不孝とハ何角ニ付、祖父母父母幷夫之祖父母父母ニ対し非分訴人出、或呪罵悪口を吐、或父母之命ヲ不受して私に家屋を設、財物をも各別ニし、或保養を欠、或父母之忌中ニ自分ニ而嫁し娶し、又ハ遊楽を好喪服を脱て吉事ニ趣、或立身向歟又ハ何歟難弁いやがりたる事歟ニ而祖父母父母之喪をかくし、哀を忘れ、又ハ不死を死たると偽る類を不孝と云

一八ニハ不睦謀殺祖父母父母律略人略売人律名義を犯律妻妾殴夫律殴大功以下尊長律殴期親尊長律ニ見得る

一不睦とハ五日以上有服之親属を殺さんと謀、幷何卒之方便を以身売、或夫幷二十日以上有服之尊長十日有服之尊

属を殴、幷何卒之儀ニ付訴人ニ出を云、親属之中右躰之犯有之候ハヽ、九族和睦無之故不睦と云、又卑幼より尊長を犯す時ハ其重し、尊長より卑幼を犯す時ハ軽し、尊属とハ父母同輩之従伯「叔」父幷其妻従伯叔母又ハ母方之伯「叔」父伯叔母之類なり

一九ニハ不義殴制使及本管長官律殴受業師律匿父母夫喪律居喪嫁娶律ニ見得る

一不義とハ民人より支配元頭役を殺、或諸役所筆者下遣共より五品以上当坐以上之頭役を殺し、或修学之師匠ハ不及申一世之職業ニかゝり候師匠を殺し、或夫之喪を隠して不哀、又ハ遊楽を好喪服を脱て吉事ニ趣、幷改嫁するを云、是等ハ天合之倫属ニあらず、義を以結縁之中なるニ義ニ背きたる故不義と云也

一十ニハ内乱親属相姦律ニ見得る

一内乱とハ本宗外戚十日以上有服之親属妻込る又ハ父祖之妾ヲ姦し、幷彼是相共ニ和姦するを云ふ、尤其所行畜獣ニ不異、一家ニ有て尊卑長幼不分相姦し、礼法を乱すゆへに内乱と云

八議

此条御親属衆幷功臣貴官等之面々ハ凡人とハ格別其御取持可有之人品ニ而、縦令不幸ニして何ぞ之罪を犯し候共、凡人同前定法之通ニハ難召扱故、其訳遂僉議達上聞、首尾方可致法義有之、御間柄之親疎官位之高下等を以夫々之人品八ケ条之各号を記すゆへに八議を名付也

一一ニハ御親属

上様御服忌相逃れ候御間柄以上之御親属衆

国祖母様

国母様五日以上御服忌之御間柄
国妃様十日以上御服忌之御間柄
太子様之御妃様二十日以上御服忌之御間柄を御親属と云王侯ハ御傍親方ニハ御服なきことなれども、爰にてハ御間柄之御親疎を以八議之法義立也

一二ニハ故旧之御近侍
素より主君ニ奉随従御輔佐之人ニ而、取分ケ御恩沢を蒙、久敷被召仕候人を故旧之御近侍と云、尤其余之人ハ縦令御寵愛之幸に始終御側を去らざる人ニ而も、又故旧之例を以ハ不論

一三ニハ功臣
国家之為大なる勲功有之、為差立功を立、或ハ合戦之時敵人打取、或降参させ一時之騒乱をしづめ、或境内取広め大勲労有之名誉之人等を功臣と云

一四ニハ賢徳
賢人君子之徳行有之、其言行法則手本ニ成る人を賢徳と云

一五ニハ才能
大才業有之、能々政事を治め、主君之御輔佐ニ成り、其才幹尋常之人及ぶ所にあらざる人を才能と云

一六ニハ勤労
官職を守其慎有之、昼夜御奉公入念、或遠所出使して艱難を経渡り、其勤労国家ニかゝり重大なるを勤労と云

一七ニハ貴官
紫青地五色之浮職官以下三司官以上之一品、且三司官「座敷以下紫冠以上之二品、且申口三品之面々を貴官」と

云

一八ニハ国賓

先代帝王之後を承たる人を国賓と云、是国統継代り異代ニ成たれども格別之人品なる故、国賓として其御取持有之、国賓ハ御当地可比例無之、於唐ハ堯帝之御子丹朱と云人、又殷之紂王之庶兄黴子と云人、虞周之御代ニハ国賓として国主ニ封ぜられ賢を尊ぶごとし此類也

条々

一申口座吟味役ハ前文貴官之外ニ而候得共、官職重き故貴官に准じ可論

一前文本律八ヶ条之面々、并右面々之祖父母父母等糺明有之節ハ、八議之人犯罪并八議之父祖犯罪律又ハ老幼糺明律等夫々之律法見合可論

八議之人犯罪前条御親属衆并功臣賢徳等八ヶ条之面々、何ぞ之所犯有之節僉議之法律

一八議之面々ハ、八議条内相見へ候通凡人とハ不同其取持可有之人品ニ而、縦令何ぞ之犯罪有之候共軽々敷平等所へ召寄不問付、可糺問哉否之訳奉伺上意ニ依て可糺問節ハ有筋白状之通所犯之軽重又ハ八議人品之訳をも相糺、縦令バ御親属ならバ御間柄之遠近、且功臣ならバ功を立たる本末等委く書付備上覧、罪分僉議可致由達上聞、役々僉議之上罪分取究備上覧、御裁断次第首尾方可有之

一十悪を犯者ハ其段達上聞、凡人同前とらへ出し各律条之通可論決、是ハ本文之通可糺問哉否之訳奉伺又ハ罪科裁断等之律を不用

但、謀反叛逆にかぎらず、十悪ハ惣而倫理に悖、天理に逆、礼を蔑、義を賊候故、王法必可誅罪ゆへに取分け此法をあらハして其「禁」戒可厳之

条々

一前条本律八議之面々ハ、縦令上意に依て糺問するとも、軽々しく牢込拷問等不申付、老幼糺明律見合夫々之証拠跡証を以可議

定、○若口問迄ニ而不相遂窂込拷問等不召行候而不叶訳有之節ハ、其訳奉伺首尾方可有之、若令違犯私ニ窂込拷問等召行候役々ハ老幼糺明律見合可議罪

一前文本律面々之内、或人品により定法之通不達上聞候而可相済方茂有之歟、或右面々之外ニも何ぞ之訳ニより定法ニ准可達上聞方茂可有之歟、是等之面々ハ何分ニも時宜次第吟味可有之、前文余条本法之通ニ而相応不致儀も有之候ハ、此例ニ准じ僉議可有之

八議之人父祖犯罪前条御親属衆幷功臣賢徳等八ヶ条之面々之父祖、何ぞ之犯罪有之節僉議之法律

一八議之面々之祖父母「父母」妻子孫茂八議之人犯罪律見合八議之面々同断首尾方可有之

一祖親以上之御親属衆幷御外族衆、八議条内相見得候通御女君様方御親属衆込る王子衆之室御斝功臣等ハ八議之内ニも尤重厚なる故、右面々之外祖父母幷伯叔父其妻又ハ伯叔母兄弟姉妹婿兄弟之子、且吟味役以上之父母妻家統相続可致子孫ハ、可糺問哉否之訳御伺ニ不及各律条之通罪科議定し、八議之人犯罪律同断備上覧御裁断次第首尾方可有之、是恩を広むる律意なり

一前文二ヶ条十悪幷謀反叛逆之縁坐或ハ姦淫或盗財或殺害或財を受法を曲る犯罪ハ、前文之通可糺問哉否之訳奉伺幷罪科御裁断之律を不用

一右外之親属幷用頼又ハ家来下人下女親属檀那之威勢に依て何ぞ之所犯於有之ハ、早速捕出問付、驕奢自儘之曲を可止故凡人之罪に一等加ふべし、犯人計其罪申付介抱元之面々へハ不及沙汰○若右之威勢によらず情犯ならバ加罪に不及、凡人同断各本律を以可議罪

一右之犯人御用之節、何ぞ之心有之於不差出ハ、其訳達上聞情犯差別議定し決断可有之

条々

一前文本律面々之内、或人品ニより定法之通り不達上聞候而可相済方も有之歟、或右面々之外ニ茂何ぞ之訳ニより定法准可達上聞方も有之候ハヽ、何分ニも時宜次第吟味可有之、前文余条本法之通ニ而相応不致儀ハ此例ニ准じ僉議可有之

公罪を犯私意ニ不係公務に依て罪入幷誤て無心に仕出候犯罪を公罪と云

此条ハ下条私罪を犯律見合、公私両様之情犯引久らべ所犯之軽重を定め、尤夫々之情犯汲分ケ、わざ〳〵犯す者ハ倖免を得さしめず、誤犯す者も無理之罪に至らせず律条也

一各職役人上下共公罪を犯す者ハ、公務に依て罪に入幷過失錯誤ニ而無心犯し情罪可有者ニ而寺入百日以下ハ贖銭引替申付、役勤通し可申付

一二百日以上之寺入ハ所犯重く有之故、各律条々之通現科申付、役儀をも代合可申付、若御用掛敷、情犯可有者歟、其外訳ニより現罪難申付者ハ、贖銭引替役勤通申付候共僉議次第

条々

一死後又ハ逼迫者ニ而贖銭上納不相調得者ハ、贖銭条々見合贖銭納方宥免、若死後成共島知行功米等之倖禄相続之方ハ可申渡

一他之所犯ニ依て連累之罪ハ、自分之所犯とハ不同故公罪同断可論

私罪を犯公事ニ不係犯罪又ハ公事ニ相係共私意を以相犯候を私罪と云

此条ハ私意より出、わざ〳〵心有て犯たる情犯ニ而、上条公罪を犯律公務に依て不思誤り犯したるとハ格別なる故、公罪ハ寛にし、私罪ハ厳にする也、尤糺明方役々夫々之情犯細密ニ糺分ケ、わざ〳〵犯す者ハ倖免を得さしめず、誤犯すもの茂無理之罪ニ至らせず律条也

一各職役人上下共私罪を犯す者ハ、公罪を犯す情犯とハ不同故、贖分引替不申付現寺入申付、百日以上ハ役代合可申付、縦令公事ニかゝり候共私意を以犯したる罪ハ本文同断可論

条々

一御物奉行申口吟味役寺社方役々、那覇里主御物城幷御在番所江相附候役々、寺入ニ而役代合ニ不及情犯者ハ、私罪ニ而も贖銭引替可申付、御仮屋方へ対候儀ハ、現寺入ニ而も僉議次第

一他之所犯ニ依て連累之罪幷過誤之外、犯姦犯盗贓犯等ハ行跡にかゝり候故各現科可申付

一百日以上之寺入ハ現罪申付、役儀召逃候法儀ニ候得共、若御用係歟、可有情罪者歟、其外訳により現罪難申付者、贖銭条々見合贖銭引替役勤通申付共僉議次第

犯人存留親を養老人幷盲又ハ手足欠損候片輪者、且老疾ニハ無之孀婦之独子共犯罪有之節其罪を贖ハせ、祖親保養有免有無之科律

此条ハ七十歳以上之老人、又ハ盲目幷手足欠損し苦患を受たる廃篤疾者共之子孫等何ぞ之罪を犯し、外ニ保養可致子孫無之独子ならバ其親を憐愍し、親為保養独子之罪を贖ハせ、孝治を広むる律法也、且此条と老幼廃疾犯罪律と彼是律意貫通し、彼条ハ老疾者を優恤して其身之罪を寛不(ふ)し、又此条ハ独子之罪を贖ハせ優恤其親ニ及ぼし、各法中之恩を述る律条なる故、彼是見合可通論

一七十歳以上之老耄幷廃篤疾之祖父母父母高曽同断保養之子孫死罪を犯し、犯人之外保養可致十六歳以上成人之男子男孫無之者ハ、則独子同前なる故其訳明白糺決し、所犯之情罪又ハ保養可有免者之訳問附書ニ相記、腰書見合可奉伺罪科ハ弥奉伺御裁断次第保養有免之者ハ贖銭引替可申付、科鞭相応可致者ハ科鞭引替候とも見合次第

一定法不及言上犯罪ならバ不及奉伺、去ながら人品又ハ訳により可達上聞儀茂可有之故、其期に到而僉議可有之

条々

一前条本律之通、祖親保養差免候節ハ、七十歳以上之老体幷廃篤疾者之訳、又ハ外ニ保養可致子孫無之段一門親類与(ふ)中に至り堅問届候上、証拠書を取本律之通罪科引替保養可差免、○若偽之証文ならバ、不応重律を以論其咎可申付、○若覚察を失婦情犯ならバ、不応軽律を以論其咎可申付、後条準之可論

一前文ヶ条之通、祖親保養ニ付而真咎科鞭贖分引替本罪宥免なれども、若本罪ニ依而可取揚贓物弁償物ハ、二罪共ニ露顕律見合本法之通可申付

一何ぞ之罪人未其支配不致内、祖親老疾ニ成たる歟、或老疾之祖親保養之子孫相果、外ニ保養可致人無之者本律見合論じ、御裁断次第首尾方可有之

附、流刑年限内本文之通不便之訳差合候者も、本文同断

一人を殺候犯人、祖親保養可差免法義なれども、若逢殺害候者も祖親保養之独子ニ而、是又外ニ保養可致人無之、其外ニも情犯悪敷、「前」文本律之通難差免者も可有之故、此等之者ハ堅ク僉議之上首尾方可有之

一父母之気ニ逆、又ハ本より非法之所犯有之、父母ニ為被追放者、縦令老疾者之独子成とも保養難差免情罪者故、右同断

一祖親保養宥免之後又々罪を犯す者ハ、罪科軽重無差引則後犯之罪に処し、再度保養不差免、

附、過失之情犯歟、或他之係合ニよりたる情犯歟ならバ、遂僉議再度成共可宥免

一孀婦之独子人を戯殺誤殺、其母弐十年余節義を守独子外ニ可頼方無之者ハ情意誠可宥者なるゆへ縦令老疾ニ而無之共、僉議次第保養可差免、何歟ニ付一世流以下之罪も過誤之情犯ならバ、是又本文同断

罪科内又罪を犯寺入流刑等之罪科内、又々寺入流刑等之罪を犯者科律、余之罪科も准之可論

此条ハ寺入流刑等之罪科内、於配所何ぞ之犯罪有之節、加罪之通例申述候、尤寺入五百日内、又以五百日之寺入相犯候者ハ後犯日数相加、且流十年内、又々十年之刑相犯候者後犯之年数相加へ候得バ、年数及弐十年一世流ニ茂近寄候故減罪、且一世流之者、又々一世流を犯候得バ、重而一世流可相加様無之故、各相当之差引を以加罪之法義相立候也、

此条二罪一時ニ露顕之法条与通例之条目ニ候間、両条見合可有之

一九十日以下之寺入申付置候内、又々寺入流刑等之罪を犯候ハヽ、左条之通可議罪、科牢枷号等之罪科内、又々何卒之罪を犯候も准之可論

一遍照寺入寺内、竜福寺以上之寺入相犯候ハヽ、前犯之日数相済次第、後犯之配寺へ召移入寺可申付

一遍照寺十日寺入内、同寺へ廿日之寺入相犯候ハヽ、前後之寺入日数十日廿日取合、同寺へ三十日入寺可申付、竜福寺以上観音寺以下之寺々も准之可論

一入寺内、流刑以上之罪を犯候ハヽ、最初仕掛之入寺日数無差引後犯科定之通可議罪

一入寺内、重き寺入相犯候節前犯之残日数、又ハ前犯之寺「入」より軽き寺入相犯候節、後犯之日数ハ贖申付候共僉議次第、後条同断

一百日以上之寺入内、又々寺入流刑等之罪を犯候ハヽ、左条之通可議罪、所払内又々何ぞ之罪を犯候茂准之可論

一照泰寺百日以上五百日以下入寺内、又々百日以上之寺入相犯候ハヽ、後犯之日数取添同寺へ入寺可申付、本文之通法義なれ共、前後之日数取合候て重相見得情罪も可有儀有之候ハヽ、減罪する共僉儀次第

一九十日以下之寺入相犯候ハヽ、最初之日数相済次第後犯之配寺へ召移入寺可申付、上文腰着見合贖申付相応可致者ハ、弥贖可申付

一流刑以上之罪を犯候ハヽ、最初仕懸之入寺日数無差引弥後犯科定之通可議罪

一年季流内又々何ぞ之罪を犯候ハヽ、左条之通可議罪、長き遠流同断

一流四年申付置候内、又々十年之流相犯候ハ、、前後之惣年数十四年現流、○且流十年申付置候内、又々十年之流相犯候ハ、、前後之惣年数二十年流刑可申付候得共、年季十五年ニ不過定法ニ而、二十年之内五年ハ差除十五年現流可申付、余ハ此例を以可論○本文之通法義なれども、前後之年数取合候て重く相見得情罪も可有儀有之候ハ、、減罪するとも僉議次第

一渡名喜島粟国島へ流四年申付置候内、久米島へ流六年之罪を犯、且久米島流六年内、渡名喜島粟国島へ流四年之罪を犯候ハ、、罪科僅か之軽重にて候故各本配所ニ而後犯之年数相加へ後犯之配所召移ニ不及

附、宮古島流八年八重山島流十年本文同断可論

一久米島此方之島々へ流刑申付置候内、両先島へ流刑之罪を犯候ハ、、罪科軽重遙に相替候に付後犯之配所へ可召移

附、両先島流刑之者又々久米島此方之島々へ流刑之罪相犯候節ハ、前犯之年季相済次第後犯之配所へ可召移之処、其通ニ而ハ「段々」事煩敷儀有之候故、本配所ニ而後犯之年数相加年季十五年ニ不可過之、軽キ配所之流刑、年数重配所ニ而相加へ候ニ付、僉議次第後犯年数之内より一両年可相減

一五百日以下之寺入相犯候ハ、、本配所ニ而科窂科鞭枷号申付、定法寺入各九十日分ニ不可過之、科鞭枷号不召行法儀之人品ハ科窂可申付

後条同断

一一世流以上之罪を犯候ハ、、弥後犯科定之通一世流死罪をも可申付

一一世流申付置候者、又々流刑寺入等之罪を犯候ハ、、左条之通加罪可申付

一重而一世流之罪を犯候ハ、、難住居所へ配所替可申付、死罪差次之重罪者ハ高那村へ配し、其余之者ハ離之内難易見合可配

附、高那村配所之流人ハ、至て重き配所ニ而又以可召移地方無之故、科窂科鞭枷号可申付

一年季流以下寺入之罪を犯候ハ、、科窂科鞭枷号申付、定法寺入各九十日分ニ不可過之

一死罪之罪を犯候ハヽ、弥科定之通死罪可申付

一上文ヶ条罪科裁断相済候共、未だ其罪不申付内、又々何卒之罪を犯者ハ　二罪一時ニ露顕律を以て可論

条々

一上文ヶ条之罪人逃落候首尾方ハ、　流人欠落律を以て可論

一寺入人幷流人何ぞ之締有之首尾方ハ、　寺入締方律幷流人欠落律見合可論

婦女罪科内何ぞ之罪を犯候節ハ、　上文ヶ条幷婦女犯罪律見合可論

一跡々流人　訟流刑之者込る　於配所細盗等仕、所之障ニ相成候間、配所替申付候様在番さばくり申越候得バ、何ぞ之穿鑿も無之、則ニ配所替申付候例ニ候処、其通ニ而ハ罪科軽重致混乱相応不致故、向後問付書を以申越候ハヽ、僉議之上上文ヶ条之通加罪可申付

琉球科律　巻之三　名例中

名例中

一老幼廢疾犯罪
一老病以前之犯罪
一贓物支配
一犯罪自訟
一二罪共ニ露顕

老幼廢疾犯罪 老幼廢疾者ハ犯罪有之候共、凡人同前不召扱候憐恤之法律

此条ハ老耄なる人を優恤し、幼少之者を慈愛し、盲幷手足欠損し、苦患を受たる類之者を可憐法義申述候、是法義之中之仁愛、尤律意精しく義情貫通する法条ニ而候

附、老幼幷苦患之軽重を以て三段ニ差分ケ、〇一段ハ七十歳以上十五歳以下之老幼幷廢疾者一等、〇二段ハ八十歳以上十歳以下之老幼幷篤疾者一等、〇三段ハ九十歳以上七歳以下之老幼一等ニ〆科定組立置候

一七十歳以上八十歳ニ至らず内十五歳以下十一歳以上之老幼者幷廢疾者、一目瞎一肢折候類之片輪を云一世流以下之犯罪有之節ハ、現罪宥免贖可申付

一死罪を犯其外謀反叛逆幷一家三人を殺候縁坐ニ付而、一世流可申付者ハ此律を不用

一可取揚贓物有之候ハヽ、定法之通可取揚、是二罪以上露顕律ニ相見得候通

縦令罪科宥免有之と雖も、贓物ハ贓物支配律見合定法之通首尾方可有之、○後条同断

一八十歳以上九十歳ニ至らず内十歳以下八歳以上之老幼幷篤疾者、両目瞎又ハ両肢折候類之片輪を云死罪之犯罪有之節、皆共可宥免者共ニ而其訳遂僉議達上聞法ハ下より行恩ハ上より出候故上意次第首尾方可有之

一謀反叛逆幷一家三人を殺す犯罪等ハ、死罪之内ニ茂重き故、各律条を以僉議いたし、上意を請ニ不及死罪常法之通首尾方「可」有之

一盗犯之類又ハ人を擲傷候類之犯罪ハ、全ク難有免故贓分申付、其余之犯罪ハ不及沙汰

但、死罪之罪ハ上意を受現罪宥免有之候ハヽ、弥贓可申付

一九十歳以上七歳以下之老幼者ハ、死罪を犯候共不及沙汰、然共九十歳以上之者反逆を犯し候ハヽ此律を不用若他之勧ニ依て自分より出ニあらずして相犯し候ハヽ、其罪勧候人江可申付、盗幷人を傷候犯罪も本文同断不及沙汰

附、九十歳以上之老人謀反叛逆を犯し候ハヽ、各本律を以可論、尤気力其事ニ任しがたしといへども、智謀ハ可相達故其罪不差免、尤七歳以下之小児ハ、智力共其働不相達故其死罪ハ全有免、反逆縁坐之法を以可論

一可取揚贓物有之候ハヽ、贓物支配律を以論老幼私用仕置候ハヽ、弥老幼より取揚、且勧候人受用仕置候ハヽ、弥其罪申付候上、贓物をも其人より可取揚

一七歳之小児申勧、父母為致打擲、且九十歳之老人申勧、わざ〳〵子孫殺害させ候ハヽ、其罪喧嘩打擲律幷喧嘩殺害律を以論勧候人江、凡人打擲殺害之罪科可申付

条々

一老幼廃疾者ハ脇方盗等之三犯ニ茂入墨又ハ加罪不申付

一前条廃疾之内一目者ハ夫程之障無之故、凡人同断現科申付候共僉議次第

　老病以前之犯罪幼少并無病之時相犯候罪、老病以後露顕之節憐恤之法律

此条ハ未七十歳ニ至らず内、并廃疾篤疾之苦患を受ざる以前相犯候罪老疾ニ成露顕有之候ハヽ、老疾を恤罪科減免、且幼少之時相犯候罪成長ニ至露顕之節ハ、是又罪を犯ざる時之幼少を憐減免之御法義申述、彼是仁愛之至候

一六十九歳以下七十歳ニ至らず内相犯候罪七十歳ニ成露顕、且無病之時相犯候罪廃疾ニ成露顕有之節ハ、老幼廃疾犯罪律見合死罪之外一世流以下ハ贖分引替可申付、贖分員数贖分図内ニ見得候

一老病以前年季流以下申付置候者、年限内七十歳又ハ廃疾ニ成候ハヽ、年月差引法条見合配所ニ而経過候日数差除、残日数贖申付

　但、六十九歳ニ至り候者、免限僅計之残月ニ而便宜間後レ越年可致者ハ、贖分云々差引全宥免候共僉議次第

一一世「流」ハ配所到着之後ハ、老疾之沙汰を以「ハ」宥免無之

一十五歳ニ至盗十六歳ニ露顕之節、本文同断

一七十九歳以下八十歳ニ至らず内相犯候罪八十歳ニ成露顕、且廃疾之時相犯候罪篤疾ニ成露「顕」有之節ハ、老幼廃疾犯罪律を以論死罪之罪科ハ及御伺上意次第首尾方有之

一十歳ニ人を殺し十一歳ニ露顕有之節、本文同断

一八十九歳以下九十歳ニ至らず内死罪を犯九十歳ニ成露顕有之候共、老幼廃疾犯罪律を以論、謀反叛逆之外ハ不及沙汰

一七歳ニ犯罪を犯八歳ニ露「顕」有之節、本文同断

贓物支配（盗物賄賂物等取揚方又ハ訳ニより不取揚法義并欠所首尾方之法律）

此条ハ（盗物賄賂物等之）贓物支配方、且公所江取揚并主江渡方、且欠所物首尾方、且贓物取揚又ハ不取揚差引、且贓物代分取立方并本贓費用（何ぞ之）証跡無之物ハ、三位之等可取揚類之法義申述候

一双方和語取遣之賄賂物、（賄を受法を曲并法を不曲律等不可取不可与物ニ而）双方其咎可申付贓物なる故（受納之者よりは取揚与へ候者へハ不返後）公所江取揚べし、〇且何卒之制禁を犯し脇ニ所持有之間敷等、（禁云并同じ兵器其外右体之類）所持仕候茂同断

附、双方和語取遣之贓物ハ、公所江取揚候定法なれども、一定其通難召行儀も有之候間、其期ニ至り能々吟味可有之、（此等之類ハ准之可論）

一和語無之、或何卒之端を仮り強暴之働ヲ以事煩敷取迫、或威勢を以いやとも云ハせぬ様ニ仕掛他之財を取、或無心ニ乞求、或所金物代等渡方之本高より引下少ク相渡、或借物利受等法外之高利を取、惣て強勢之働ニかゝり候類之贓物ハ取揚主江返渡、（人を威財取律并公私之財物掠取律押買押売律借物律公用ニ依て科斂律於嗳所財利を貪律等之贓物之類也）

一謀反叛逆之外、欠所可申付罪人其咎取行財物公所江取揚置候折、追々罪科逢御恩赦候ハヽ、（取揚置候）欠所夫々之諸首尾不引結内ハ、（未公所江不入筋合ニ而候故）欠所赦免、若諸首尾引結候後ならバ、欠所赦免無之、〇且罪科不召行内御恩赦有之節も、家財欠所（赦免有無之）首尾方同断、〇且（欠所諸首尾引結置候共）本人犯人御恩赦ニ付而ハ、縁坐之者并欠所可申付下人下女等皆共有免たるべし

一本文欠所物支配済不済分ケを以赦免有無之差分ケ有之候、然処適本犯人御恩赦被仰出候上ハ、縦令欠所物夫々之諸

首尾引結置候「共」、令宥免相応可致筋ニも相見得候間、其時ニ至り僉議可有之

一謀反叛逆ハ罪悪重大なる故妻子家財支配済不済も不分赦免無之

一養料分之儀喧嘩打擲律幷廿日以下有服之尊長を殴律誣告律ニ相見候通其令生計優恤之為ニ与へさせ候筋ニ而欠所物幷公所江可取揚贓物とハ不同故縦令欠所宥免有之候共、是ハ渡方赦免之限ニあらず

一贓物を以罪科可申付者、強盗幷脇方盗役人盗御物盗賄を受法を曲法を不曲贓金等之贓物ニ至り現贓有之候ハ、、公所江可取揚物又は主江可相渡物各差分前文定法之通首尾方可有之

一本贓女馬ニ而候を男馬ニかへ、且牛馬畜類子生置候ハ、、皆共本贓同前首尾方可有之

但、本贓男馬ニ而候を女馬ニかへ、本贓より取成置候ハ、、本贓取返させ、順々首尾方可有之若本贓費用本位明白ならざる物ハ、後条重限之本贓弁償方之律条見合僉議可有之

「一右同犯人死亡贓物も致費用入贓共滅亡」之者ハ弁償可差免、且人馬幷器物等之賃分渡方無之、贓重律を以論其咎可申付類も同断

一贓罪ニかぎらず、別罪申付る者ニも可取揚財物ハ、、馬を馳人を殺傷律幷弓箭を以て人を傷律内等葬料分之類も本文同断

一犯人相果候共本贓有之、且本贓致費用候共犯人存生ニ而候ハ、、僉議次第贓物取揚公所江可取揚物又ハ主江可相渡物各差分、前文定法之通首尾方可有之

一本文人贓共ニ滅亡之者ハ弁償雖為有免、各律条情罪ニより弁償難差免者ハ、家財取揚弁償申付候共僉議次第

一贓物代分取立方ハ、所物ニより或時節ニより直成高下可有之故罪を犯したる所幷其時之直成、又ハ品位上中下三段ニ〆、中位之直成を以取立、罪科可治定、此別代時之諸首尾方ハ諸物代立律をも見合可論

一細工日用幷牛馬器物等定法質分有之物ハ、弥定法之質分取立、定法無之物ハ本文之通取立、罪科相定め質分順々
首尾方可申渡、○縦令質分多相重リ候共、本代分本代分とハ細工日用身代分牛馬之代分器物ハ仕立代ニ返渡方申付問敷候
一金銀之現贓ハ、多年主人御柄符合申出候金位可取揚、若令費用現贓無之御柄符合不致古銀とも文銀とも分明紏方不相成節ハ古銀可取揚、余之品々此例を以差引可有之

条々

一公所江取揚贓物幷主江可返渡贓物納限三ヶ月中、尤一門親類与中ニ付而茂堅申渡其首尾無之者ハ、年月差引律見合納限三ヶ月之惣日数九十日返候ハ、人品次第寺入二三十日又ハ科牢六日九日程申付、皆納不得相調「者」ハ一ヶ年中相働らかせ、夫共其首尾無之者ハ与中親類へも問付財物有無之実否証文を取情罪之軽重贓物高之多少等見合半減を以納方可申渡歟、或果して無力者ならバ、贓物納方差免本罪可申付歟、僉議之上遂披露首尾方可有之、過失殺傷律条「等之」葬料分も同断
附、盗人之儀捕出候ハ、、早速平等方役員幷盗人与中親類打合家財相改欠所物同前親類与中へ引渡置、盗物費用現品無之候ハ、、家財売払返償可申付、○若父兄弟伯叔父等盗物之品乍存分取候者ハ、各脇方盗律を以て論令治罪、贓物も取揚主へ可返「渡」
一盗物主を召寄見知らせ引渡、印判させ平等之係吟味役へ首尾可申付、○若逢盗候員数致不足候ハ、、無重(主カ)之盗物より補渡、余斗も有之候ハ、、平等所御物ニ可召成、若無主等ニ而不足有之候ハ、、本文之通家財代分を以可補渡
一盗物与不存しち取、或代分相当ニ買取、或預候ハ、取揚主へ返、諸代分ハ盗人より取揚しち主買主へ返渡各不及沙汰、若売増置候ハ、其分ハ売増為「致」者へ弁償可申付
一盗人幷売増為致者可相弁財力無之候ハ、、無利ニメ請出し方主心次第可申渡
一盗物与乍存本文之執行有之者ハ、盗賊宿主律を以て論無代ニ取揚主へ可返渡

一盗物支配先不相知、代料も令費用、盗人無財又ハ前条之通無主盗物も無之弁償不得相調者ハ、問付帳ニ其訳相記、罪科相済次第逢盗候者
共召寄、損亡可相成段可申渡

家財欠所

一罪科ニ依て欠所幷諸役人御物不足相立候節ハ、先立而家財相改親類与中へ預置、罪科裁断相済次第早速欠所可申付、
尤謀反叛逆之外ハ、妻子欠所赦免家財迄を欠所申付各律条之通り首尾方可有之

一罪科裁断「済」欠所申付候而ハ、延引ニ相成し而財物取隠候とて及罪科者も有之、尤御物不足律等ハ納残之贓罪可申付
故、先立而家財相改べし

一欠所之時平等方役々、大屋子筆者大筑一人宛筑佐事二人町主取二人犯人之親類与中相合家財一々相改大筑以下町主取等へ代付為致一帳相総、大屋子三人連印
平等之側吟味役人披見奥書連印を以て遂披露、御物座印押相渡候得バ、売払其首尾方可有之

附、御物不足相立候節ハ、家財を以不足高ニ差引之法義ニ而、罪科ニ付而之欠所物とハ訳替候間、犯人之親類
平等所へ召寄、落着之上代付させ其首尾方可有之

一大美御殿　御妃御殿　太子様　太孫様　同御妃御殿　聞得大君御殿役人御物不足有之節ハ、各大親取〆惣大親入
披見訴出候ハヾ、首尾方同断

一罪科ニ依て欠所申付候節、他へ借渡物有之候ハヽ、無利ニ取揚、○且御物不足相立候節ハ、家財取揚其差引有之
法義ニ而候故、他借渡物も本利可取揚

附、罪科ニ依て欠所之節ハ、借入物有之候ハヽ、欠所物之内より元利返弁、○且御物不足相立候節ハ、其差引
無之皆共可取揚

一墓地幷何ぞ之旧跡にかゝり為差立地方抔ハ欠所赦免、且霊前道具幷神仏之祭器同断

一役掛之者欠所之節、跡役言上相済候内之役知御扶持方ハ跡役江可被下之、若皆（衍カ）同請取置候ハヽ、御物より可被下之

一地頭持之方欠所之節、跡地頭相済候内之作得夫遣右同断、若取納切仕置候ハヽ、欠所物之内より日算を以て跡地人江可被返下、若欠所物ニ而不足有之候ハヽ、損亡可申渡

一諸間切諸嶋之者欠所之節、諸知行地久作得抔不納幷掠置候ハヽ、欠所物之内より可被返下、若欠所物ニ而不足有之候ハヽ、知行主地久損亡たるべし

但、公義上納物之内不納幷抑留抔有之候ハヽ、差引残分可取揚

犯罪自訟 犯罪人披露ニ不及前、自身幷親属より侘言申出者ハ、罪品幷間柄之遠近を以罪科免減有無之律法、且及披露候後自訟又ハ人を殺傷犯罪幷何贓弁償不罷成物破却し類ハ、自訟するとも不取揚法義込る

此条ハ自分之非分自訟する者罪品幷侘言之情合を以罪科宥免有無之法義を述る、大概未披露無之処侘言申出る者ハ、過を悔るの心発し出たる故罪科全免、且可及披露様子察入侘言申出る者ハ、最初過を悔るの心なく已露顕したるによ り始て罪を恐るゝの心発し出たるゆへ可減罪類之律条也、是専犯罪人先非懲改之路を為可開進、特ニ其法を寛ニして亡命之顧も無之邪道之者を正道ニ可招通深意之法律也、親属非分取隠律幷名義を犯律同犯人組合者捕出律各義「情」連類したるゆへ彼「是」見合可通論

一何ぞ之罪を犯未披露無之内所犯之次第幷贓物多少等ニ至り不隠致自訟者は、過を悔るの心発し出たるゆへ罪科全免、若可弁償贓物有之候ハヽ、罪科全免すといへども、強盗脇方盗幷法を曲法を不曲又ハ公私之財物だまし取贓物ハ、贓物支配律を以論定法之通首尾方可有之、後条

同断〇犯罪取軽〆或贓物取少〆致自訟者ハ後条不実不尽之法を以可論

一名代を以佗訟候も、 犯人本心より悔訟候も同前ゆへ 本文同断、 各代人親属凡人を不分同断

一親属相為ニ非分可被隠間柄之者共、 同居之無服幷下人下女家来等込る 親属檀那之非分佗言申出る者ハ、 犯人本心より佗訟したるニハあらざれども、於法義も可隠情意を以も可佗訟親愛之中ニて 自身より悔訟候茂同前なる故、 親属非分取隠律見合論 間柄之遠近、義情之厚薄等を以罪科免減可有之

一檀那よりハ下人下女家来共其治可有之儀ニて 非分可取隠義無之ゆへ 下人家来共之為佗訟候共不取揚

一右之面々何ぞ之忿事ニ就て相互ニ申詰、終ニ隠密之非分取立、 縦令ハ兄他之財物盗取且弟他之財物だまし取候を任怒 双方披露申出る類茂 其本念悔訟とハ同じからざれども相互ニ非分可取隠間柄之者ともニて候ゆへ 右同断

一本文尊長卑幼互ニ非分取立披露申出る節ハ、 犯罪自訟同断 各本罪ハ減免たるといへども、尊長之非分取立訴人ニ出、 名分恩義をやぶり 分限不応之道行故、名義犯たる卑幼之罪ハ不免 名義を犯律を以て可議罪

一軽罪披露せらるゝニ就て重罪致自訟者ハ、 逢披露たる 軽罪申付、 自訟之 重罪ハ可令宥免、 縦令バ脇方盗之軽罪披露せらるゝに依て御物盗之重罪致自訟候ハ、脇方盗之軽罪申付、御物盗之重罪ハ令宥免類也

一数罪を犯、其内一事之犯罪及披露、其所犯糺明ニ依て訴状外之余罪致白状候も、 自訟同断之情合故 罪科軽重不論本文同断、 訟状表問付律見合可通論

一重罪を軽罪ニ取軽メ不実ニ致自訟者ハ、則不実之罪科申付、且重高之贓物を少高ニ取少メ不尽ニ致自訟者ハ、則不尽之罪科申付、一世流ニ至らバ各一等可減之、 前文ケ条も此例を以減罪可有之

一縦令ハ 搶奪之 重罪を 脇方盗と 軽罪ニ取成不実ニ致自訟「者ハ」 本罪自訟無之故於法義難差免 則搶奪之本罪可申付、○且 脇方盗 現贓十貫文ニて候を 四貫文取隠し 六貫文と取少メ不尽致自訴者ハ、 罪科可取隠情合有之故 取隠候四貫文之贓罪可申付、然共 不実不尽と申ながら 右体自訟有之過を悔候内意相見得尤情合可宥訳有之故、一世流ニ至らバ 宥減を以 流十年ニ可召止類也

一縦令バ搶奪之贓分五百貫文ニて候を、脇方盗贓分三百貫文と取少〆致自訟者ハ、不実之罪重き故則所払、且搶奪之贓分二千貫文ニて候を、脇方盗贓分九百貫文と致自訟者ハ、不尽之罪重き故流刑申付、搶奪律幷六贓図引くらべ差引仕候得バ、軽重明白相見得候也

一何ぞ之罪を犯したる者、可及披露様子察入自訟する者ハ、最初過を悔るの心なく、已ニ露顕したる「ニ」より始て罪を恐るゝの心発し出たるゆへ全免無之 其罪弐等可減之

一山沢へ逃避或本国ニ叛去類之者ハ、先非を悔自訟するとも、已ニ逃叛を犯したるゆへ全免無之 弐等可減之、○縦令自訟せず共、能過を悔帰郷するも過を悔るの心を明し出たるゆへ是又弐等可減之

一人を殺人を傷者ハ、可贓様無之故自訟不取揚、喧嘩殺害律喧嘩打擲律各律条見合可議罪、過失ならバ過失律を以可論

一何ぞ之所犯ニ依て人を殺傷、其訳自訴する者ハ、人を殺傷罪科ハ喧嘩殺傷律を以論宥免無之、其事ニ依て犯したる罪ハ前後律条自訟可取揚犯罪ならバ宥免、縦令ハ盗ニ依て人を傷幷姦淫を犯其訳致自訟者ハ、盗罪ハ令宥免、人を傷す姦罪ハ自訟不取揚法義なるゆへ宥免無之 各本律を以可議罪

一何歟賠償不罷成類之物損失いたし候茂、右同断

一賠償不罷成物ハ棄毀制書印信律内座印幷要用成書通之類也、是ハ脇ニ無之弁償不罷成物ニて、自訟するとも宥免無之、乍去本物差出致自訟者ハ、定法之通罪科可令宥免、脇ニ有之とも此例を以可論

一姦淫を犯者ハ可改様無之故自訟するとも不取揚、犯姦之諸条見合各本律を以可議罪

一牢屋より逃出候罪人、先非を悔自訟する者ハ、牢舎人逃走律内逃走ニ付て本罪之上相加へ候罪科ハ宥免、本罪ハ不差免、○且未公所へ不捕出内ハ逃走之加罪無之故、本罪より二等可減之

一寺入流刑之者、欠落過を悔自訟又ハ配所へ帰り候者ハ、流人欠落律見合逃走之罪ハ令宥減、本罪ハ宥減無之

一強盗脇方盗等之盗物并公私之財物だまし取律他之財物取る類之贓物、又ハ法を曲法を不曲之贓物等過を悔ニて内々佗返す者ハ、我身之過を悔他之財を返し罪も又発し露れたる故縦令公所へ自訟せずといへども罪を悔るの心ハ自訟と一つなる故各罪科宥免

一本文法を曲る贓物佗返す者ハ贓罪宥免、去りながら若公法を曲故曲入たる罪已ニ決行、且故免したる罪跡立て難召行訳於有之ハ、官司出入人罪律を以論返罪可申付、法を不曲バ犯人之罪科出入無之自分之贓罪迄にて候故不及沙汰

一可及披露様子察入佗返者ハ、前文可及披露様子察入致自訟ヶ条之通り罪科二等可減之

一強盗脇方盗等組合之盗人捕出者ハ、罪科宥免之上可賞之、同犯人組合者捕出律をも見合可召之

一強盗脇方盗等犯罪自訟罪科減免之後再犯之者ハ自訟不差免

条々

一謀反叛逆を企未其執行無之内本文非分可取隠人々より佗訟又ハ捕出候ハヽ、正犯人を始縁坐之親属等ニ至り皆共罪科宥免、若其執行有之候ハヽ、正犯人ハ其罪申付、縁坐之者共ハ皆共可令宥免

一籏引八付を斬罪と情罪取軽致自訟者ハ、同じく死罪之罪名故不実之法を以てハ不論不慮(応)律を以可議罪、高那村へ一世流之重罪を軽き一世流ニ取成致自訟類之犯罪モ此例を以可論〇若不慮(応)律を以論相応不致情罪者ハ、相加へ候共僉議次第後条同断

一贓物有長き自訟無之候共自訟した高ニて罪限之高ニ至り、縦令ハ脇方盗之贓分二万貫文余ニて候を一万貫文と取少メ致自訟候者、脇方盗ハ贓分一万貫文以上一世流ニ召上罪限之贓高ニ至り候故、贓物有長き自訟無之候共、不尽之法を以てハ不論、不応律を以可議罪、余ハ此例を以可論

一同盗両人内家主打傷両人逃走候後、家主打傷候者より今壱人之内同盗捕出候ハヽ、前文盗ニ依て人を殺傷ヶ条之通盗罪ハ宥免、家主打傷候罪

ハ宥免無之喧嘩打擲律を以可議罪類也

二罪共ニ露顕数罪一時ニ露顕之時重き一罪申付、且皆共同等ならバ其内一罪申付、各余罪ハ差捨、且一罪ハ先立而露顕其咎申付候後、余罪露顕之時先後之罪科差引方之法律

此条ハ未罪科ニ不及以前之数罪一時ニ露顕、或先後ニ露顕之時、罪科裁断之通例を述る、○且罪科内又罪を犯律条ハ罪科召行候後寺入流刑等之年月日又々罪を犯者之科律ニて、此条と可見合律条なる故、彼是見合可通論

一二罪已上一時ニ露顕之時ハ腰書之通重き一罪申付、軽き余罪ハ皆共不及沙汰、○数罪皆共同等ならバ其内一罪申付、是又余罪不及沙汰

一縦令バ軽重之両罪一時ニ露顕、一罪ハ脇方之贓罪流四年、今一罪ハ御物之贓罪流三年、是情犯ハ御物盗重しと雖も贓罪ハ脇方盗重き故弥重きを以論、脇方盗之贓罪流四年申付、御物盗ハ不及沙汰類也、是重き一罪を取軽罪ハ可差捨一例也

一同等之両罪一時ニ露顕、一罪ハ脇方盗之贓罪科鞭三十五、今一罪ハ喧嘩打擲之傷罪科鞭三十五、是両罪同等なれども脇方盗之贓罪申付、傷罪ハ不及沙汰類也、是同等之一罪を取余罪可差捨一例也

一右同一時ニ露顕無之先後露顕、一罪ハ先立而其咎申付、後又余罪露顕其咎最初之犯罪ゟ軽く、又ハ同等ならバ不及沙汰、重く有之候ハヽ、腰書之通最初之罪科差引残之罪科可申付

一縦令バ軽重両罪之内、軽き一罪ハ先立而露顕其咎寺入六十日申付、後又重き一罪露顕其咎寺入九十日ならバ、其内最初之寺入日数六十日引残而三十日入寺申付、最初之入寺日数六十日取合後露顕之九十日可令都合類也、是先後露顕すといへども各別ニハ不論、是又重き一罪を可取儀ニて先後露顕之両罪差引するの一例也

一職役人人ニより毎度法を曲之贓を受、贓分四百貫文之内三百貫文先立而露顕寺入三百日申付候後百貫文露顕之節、

最初之三百貫文取合、四百貫文之贓罪寺入五百日之内より三百日引残而二百日申付、惣高之贓罪寺入五百日可令都合、是法を曲る律条ハ先後之贓物取合惣高を以論候法義ニて本より一罪なる故、前条軽罪論ぜざる例ニあらず○脇方盗同断

附、若右四百貫文之半分二百貫文ハ先立而露顕其咎申付候後、残而二百貫文露顕之時茂、右同断惣高四百貫文之贓罪差引可申付、各前条同等之一罪を取余罪差捨候例ニあらず○縦令バ右四百貫文之内最初ハ少く後ニハ多く露顕する共是又同断、是前条軽罪ハ差捨重きを論ずるの例ニ同じからず

一法を不曲律幷贓坐律等ハ前条法を曲る之例ニあらざる故、前文之通重き一罪申付、同等幷軽き余罪ハ可差捨

一寺入申付候内以前之犯罪年季流露顕之時ハ年月差引律見合寺入日数差引、相残りたる年月可改流、一世流死罪「ハ」何ぞ之差引可致法義無之故、各本律之通一世流死罪可申付

一前文二罪以上一時ニ露顕幷先後露顕之時、重き一罪幷同等之一罪を取、軽罪又ハ同等之余罪ハ法義ニ依て差捨候共、若差捨候余罪之内可取揚贓物有之候ハヽ、弥取揚、且弁償可申付物ハ弁償申付、且入墨可刺者ハ刺之、且職役可召止者ハ召止、且罪限ニ可召止罪科ハ弥罪限ニ召止、各本法之通大概腰書之例を以て差引可有之、是軽重寛厳之宜しきを不失法を用ふるの権衡也

一本文差捨候余罪之内可取揚贓物ハ、大概法を曲律弁法を不曲律内双方罪科ニかゝり候賄賂物、且可弁償物ハ器物作毛破壊律内器物等毀傷候等、且入墨可刺者ハ入墨律内脇方盗三犯、且職役可召止者ハ私罪を犯律内寺入百日以上之私罪を犯者、且罪限ニ可召止罪科ハ贓坐律贓分定数条過多く相重候共寺入五百日召止候類、是各本法を尽し可科断律条也、外ニ此類之科律有之候間弥此例を以可論

条々

一前条本律之通軽重両罪之軽罪ハ、先立而露顕其咎寺入六十日申後付、又重き一罪露顕其咎寺入九十日、其内右現入六十日引残而三十日、是竜福寺へ寺入之定日ニ候処、本罪観音寺九十日之寺入より差引残之日数なる故縦令日数少く有之候とも観

音寺へ可配之、余条此例を以可論、若情犯軽き者ハ本配寺ニて九十日令都合候共僉議次第

一寺入より流刑ニ召移し、且年数少き軽き流刑より年数多き重き流刑ニ召移し候時茂、本文之例ニ准年月差引律を以論差引残之年月可

改流

一前文本律御恩赦ニ依て本罪宥免有之候とも、主々へ可返渡贓物弁弁償物等ハ弥本律之通り其首尾可申渡、○若右之外公所へ可取揚贓物弁償物弁職役可召止類ハ、情罪「ニ」より令宥免相応可致者も可有之故、何分ニも其期ニ至て僉議可有之

琉球科律　巻之四　名例下

名例下

一同犯人組合者捕出
一首従差分
一犯罪露顕逃走
一親属非分取隠
一本条外之罪名
一罪科増減
一年月差引
一無本条犯罪僉議

同犯人組合者捕出　逃走人組合者捕出候節罪科減免、又ハ本犯人自分ニて訴出或ハ御恩赦ニ依て罪科減免贖銭引替等申付候節、幷本犯人死亡之節、係合者江も罪科減免贖銭引替之法律

一何卒之罪を犯或ハ組合或別ニ犯し及披露驚恐一同逃走、或前後ニ逃走其内罪科同等之者半分以上捕出、或罪科重き者壱人捕出候ハ、、其功罪を贖ふニ足候故本罪幷逃罪可合(令カ)有免

一半分以上捕出すとハ、縦令逃人五人之内一人ニ而弐人捕出候、或七人之内一人ニ而三人捕出、或三人之内一人ニ而壱人捕出候

類ニ而候、余者此例を以可論

一捕出方半分以上ニ不及、或重罪者より軽罪者捕出候ハ、、逃罪宥免本罪ハ宥免無之各科定之通罪科申付候共、一二等減罪する共僉議次第

一人を擲并姦を犯す者ハ同逃者捕出其功有之候共本罪宥免無之、逃罪ハ犯罪自訟律を以論可令宥免

一他之係合ニ依テ可及罪科者本犯人致自訟候ハ、、腰書之通減罪可申付上ヶ猶又二等減可議罪

但、他之係合とハ罪人自家へ隠置、或可逃去行先を教、或衣食等与へ他所へ逃隠させ且罪人之為不実之証拠ニ立、或下役共事不足有之候を気不相附、各他之所犯ニよりて越度ニ係り候類ニて候、尤各本条係合者罪科ハ本犯人本罪より減罪、

此条ハ本犯人致自訟候故減罪之上より猶又二等可減、縦令バ手代下代御物分五百貫文盗取候得者流六年、不覚逢盗候役人ハ寺入三十日、本犯人致自訟致候節ハ猶又二等減寺入十日可申類ニ而候

一罪人を隠す律罪人死亡并自分ニ而訟出候得バ罪人隠置候罪科一等減、此条ハ二等減、両条不同有之候、彼条ハ事情相洩其上公所より捕出方ニ役々差遣候段承及隠置其情重、此条ハ未訴訟ニ不及以前取隠したる所犯ニて其情軽く、両条罪科軽重有之、逃去候行先を教并衣食等与へ他所へ逃隠させ候も同断

一本犯人自分より訟出、或ハ御恩赦「ニ」依て罪科全免并減罪、又ハ贖銭引替申付候節ハ、係合人茂本犯人罪科全免之節ハ全免、且減罪之節ハ減罪、且贖銭引替之節ハ贖分引替可申付

附、本犯人老幼廃疾ニ依て贖申付、又ハ婦女科牢五十日余罪申付候節は、弥係合人茂右准贖可申付、係合人贖申付相応不致犯罪も可有之候間、其期に至り僉議可有之

一此条不覚牢舎人逃走律并犯罪自訟律（以下脱カ）

首従差分首従差分之定法、且一家之尊卑幷外人組合之節、家長一人処し又ハ別々之罪ニ処し、且死罪首従分不分法律

一数人組合何卒之罪を犯者ハ、企之頭一人張本ニして随従之者ハ壱等可減、是平常之定法ニて候、強而被引率或愚鈍幷幼少者ニて、定法之通一等減重く相見得候者ハ、僉議次第猶又可相減

一一家之尊卑組合何卒之罪を犯候ハヽ、前条定法首従を以て不論縦令卑幼企元ニて候共卑幼ハ万事尊長下知ニ随取行可有之故其罪尊長一人に処し、卑幼ハ不及沙汰、卑幼沙汰無難差通訳有之者ハ僉議次第可議罪、腰着同断

一尊長八拾歳以上幷篤疾者ニ而候ハヽ、各罪科宥免有之故其罪同犯者之中未老篤疾ニ到らず其次之尊長ニ処、其次之尊長無之候ハヽ、卑幼頭立候者壱人可処罪

一尊長ニ相係候婦人男子共組合罪を犯候ハヽ、縦令婦人張本ニて候共、婦人ハ万事男子取計ニ可任儀ニ候故其罪男子一人ニ可処

一一家之尊卑組合盗又ハ人を擲候犯罪ハ、上文ヶ条とハ格別ニ候故尊卑老幼婦人篤疾たりといふとも右律条之通首従差分ケ可議罪

附、盗幷人を擲候ニかぎらず、或ハ人を威し財を取、或ハ賄を受其外利欲之執行有之類、或ハ墓を開き死骸令損壊類茂本文同断可論

一一家之人他人組合何卒之罪を犯し各本条可処科律有之者ハ各本律之首従を以論或軽く或ハ重く処し、此条首従差分ケ之定法ニかゝわる間敷候

一弟他人誘引直兄致打擲候ハヽ、弟ハ廿五日有服之尊長擲律内弟兄を擲律を以論、可重他人ハ喧嘩打擲律を以論可軽儀有之、〇且卑幼外人誘引居家之財物盗取候ハヽ、卑幼ハ親属盗律内同居之卑幼外人組合居家之財物盗取法を以論、可軽外人ハ脇方盗従者を以論可重儀有之候

犯罪露顕逃走二人組合之犯人、一人ハ捕出したるに、逃走者を張本と申通何ぞ之証拠も無之者ハ、先申出候通捕出したる者ハ従者之罪科申付置、後日右之逃走者捕出し候節罪科差引之科律

一両人組合罪を犯たる者、一人ハ取逃、一人ハ捕出したるに、自身ハ従者 逃走りたる者を張本と申通し、直に見聞為致人も無之 証拠証跡迚茂無之節ハ、いつとなく牢込申付置候様ニハ不罷成故 先申出之通先立而従者之罪科申付置、後日 右逃走者 捕出し、是茂又 自身ハ従者 以前捕出したる者を張本と申披、堅糺明之上 実正其通無相違ニ於てハ、弥後捕出したる者 従者にして 罪人捕を防律見合 本罪之上ニ 逃罪二等可 相加、且最初従罪申付置候者ハ、張本之罪科ニ召改、最初之罪科差引相残候罪可処之

一本文何ぞ之証拠茂無之虚実未定らざればハ、若捕出したる者を張本ニメ重罪申付置候ハヽ、恐らくハ後又難改「故」、暫く寛むる事をきらハず、是罪軽者ハ可軽義也

一罪犯及披露御用之段乍承逃走候者ハ本律之通逃罪を加へ、○未御用無之前逃走候者ハ、加罪不及本犯罪「之」罪科可申付

一逃走者所犯同類者共不隠申披証拠証跡明白ニして、張本従者之差分茂慥ニ相知候ハヽ、糺明相遂候茂同断故対決さすニ不及、最初取出し置候者ハ先達而其咎申付逃走者ハ逃走律見合 廻文差通、捕出し次第張本成共従者成共最初僉議之通前文同断逃罪を加へ 決罰すべし

条々

一前文本律跡立而捕出し候者、口柄符合不致何ぞの証拠証跡も無之一決難致節ハ 最初流刑之者配所之在番人へ問付させ致決断候歟 召帰し対決させ候上相片付候歟、其時之僉議次第

親属非分取隠親属幷檀那之非分ハ取隠候共不及沙汰法律幷家来共之非分ハ不取隠法義

此条ハ親属檀那之非分可取隠義情理之当然なる故、未公所へ不捕出内ハ未公法ニかゝらざるゆへ 義情之厚薄を以罪科免減之法義を述る、其本旨天理人情ニ本づいて人倫を重んじ、風俗を厚ふし、恩義妨ざらしめんため、其中を権専和睦

之道を示、然るといへども公所江捕出後ハ公法ニかゝり候故、大概劫囚律幷牢人逃走律内等已ニ牢舎ニ及びたる罪人を私ニ逃走さす者ハ、親属たりといへども其罪ニ処し、公私両様之差別有之候、是門内之治ハ恩を以義を掩ふ、門外之治ハ義を以恩を可断儀也

一犯罪自訟律幷名義を犯律ハ、此条と義情貫通したる律条也、先此条之大意ハ、親属之非分可取隠儀情理之当然なる故隠し候共沙汰ニ不及、又犯罪自訟律法ハ親属之罪を免させんと詫言申出る者ハ、親愛之情意ゟ出犯人自分ニて悔訟候も同断之情合故則其罪免減、又名義を犯律法ハ親属之非分取立訴人する卑幼等は、親属を罪に踏入させんと賊害之心より出たる故訟出之通雖実成即名義を犯す罪に処し、尊長等ハ自訟之法を以其咎免減、されバ親属非分可隠儀を許さゞれバ恐らくハ恩義を傷、又詫言を許さゞれハ恐らくハ親属を可救便りなし、依之親属非分取隠律幷犯罪自訟律両条之法義を顕ハして、又名義を犯律法厳密ニ立之三条共義情連類し真ニ天理人情之至極なる故、彼是見合可通論、罪人を隠律茂此条懸合之法義有之故見合可論

一同居之親属ハ財物を同ふし一家同居之親属を言縦令帳面表他之拘、又ハ無服たりといへども情意尤親敷者共ニて、何ぞ之非分ハ相為ニ可取隠儀当然之情合故不及沙汰、他人ニても致同居者ハ本文ニ准じ候共僉儀次第

一公所より捕方可有之段承及、其訳告知らせ犯人取隠し又ハ逃避させ候茂、罪人を隠律条見合本文同断、後条同断

一別居廿日以上有服之親属ハ喪服重し、又外孫妻之父母聟孫之妻夫之兄弟幷兄弟之妻ハ喪服軽といへども恩愛重く、情意尤親敷者共ニて是又相為ニ非分可取隠情理なる故右同断、高曽祖父幷曽玄孫込る

一別居十日以下有服之親属ハ漸々恩義深遠と相成故前条之通、犯人を隠し又ハ逃避さす者ハ罪人を隠律条見合凡人之罪科より三等減し、無服之親敷者一等可減之、情罪軽く本律之通ニて重く有之者ハ猶又減し候共僉議次第

一罪人を隠律内罪人と乍存隠置候凡人ハ罪人之罪ゟ一等を減す、此条ハ凡人より三等一等減候故、本犯人よりハ四等二等

可減之

一下人下女家来共ハ、檀那之為恩義重く相聯属者たる故、同居別居を不論 檀那之非分可取隠儀、前条同居之親属同断不及沙汰

一檀那よりハ下人下女家来ハ其治可有之儀ニて、其非分可取隠儀無之、夫故犯罪自訟律内下人下女家来等之非分 檀那より 詫訟候共取揚不申

一謀犯以上之重犯ハ大義ニかゝりたる故同居別居有服無服を不分 各本条ニ依て論此律を不用、犯罪自訟律内親属より詫訟又ハ捕出節ハ、罪科免減之法義有之故見合可有之

条々

一妻妾殴夫律内夫より妻を殴て折傷ニ到らせ、且妻妾失序律内妻を妾ニ召貶類之所犯ハ、已に夫婦之義絶たる故 披露する共此条非分取隠法を以ハ不論、外ニも此類之情犯名義を犯律内ニ相見候間見合可有之

一尊長より卑幼之財物盗だます類之所犯ハ、其糺可申付儀ニて尊長ハ親属盗律を以論 其罪不免、卑幼ハ名義を犯律を以論不及沙汰

本条外之罪名律条之内名例相違候も有之、是ハ各本律之通可論儀、且罪を可避所巧有之、其罪本罪より重き者ハ重きを以可論議、且可重罪を本来不存相犯し候者ハ軽を以論、且可軽罪を本来不存相犯し候者ハ弥軽を以可論法律

此条ハ各本律ありといへども、情罪軽重ニより可軽可重儀有之律を引て中等ニ可議定法義申述候、尤名例ハ諸律之雖綱領尽く不載入、各律条ニ委く相見得、名例法条と相替候茂多有之、可取違儀も可有之故、此条相立候

一律条之内名例法条と不同茂有之、縦令名例之内首従差分ヶ律ハ 企之頭を張本ニ取、随従之者ハ一等減し候常法ニて候処、喧嘩殺害律内 同謀相共ニ人を殴候律ハ、従者ニ而茂絶命させず痛手を負せ候者ハ張本之罪科申付、張本人ハ 絶命させ候従者より 罪科相減し名例法条と不同候、是等之科律ハ名例ニかゝわらず、各本律ニ依而可致科断条ハ此例を以推し可論

一何ぞ之罪を犯し科定相当致し候共、其罪可避所巧有之、縦令バ致盗其罪可遁賄を遣内意之所犯有之、其罪 盗之本罪ゟ 重く

有之候歟、或帳内書落し其罪軽く有之候共、御物可掠所巧を以態々書洩し、間違為致躰之所犯有之、其罪帳内書落之本罪より重く有之類ハ、本律にかゝわらず重を以可論、余ハ此例を以推し可致科断

一本法可重罪も本来不存相犯し候者ハ、本法之重きを以てハ不論しらずして犯したる軽法を以可論

一叔甥別所ニて致生長、素より叔甥と不相知、甥より叔父打擲、糺明之時始而叔父と相知候者ハ、しらざる罪ニ踏入候を令憐愍叔父打擲之重きを以てハ不論凡人打擲軽法を以可論、且御祭殿之御物、何歟ニ付別所召置候を夫とハ不存盗取、是又糺明之時其訳相知候者ハ、御祭殿之御物盗取重律を以てハ不論脇方之財物盗取軽法を以可論類也、余ハ此例を以推し可致科断

一本法可軽罪本来不存相糺し候者ハ、本法之軽きを以可論

一父親子を知らずして凡人と心得打擲いたし、後ニ子之段相知候者ハ、凡人打擲之重律を以てハ不論只子を打擲之軽法を以可論類也、余ハ此例を以推し可致科断

一寺入五日以上五百日以下増減共一等宛五日以上ハ十日一等、百日以上ハ百日一等ニして順ニ加へ上順ニ減下べし

罪科増減各律条一類科律本ニメ罪科増減を以組立、縦令バ盗ニ類し候科律ハ盗を科定本ニメ何等加へ何等可減由組立置候付、其加減差引之法義

附、所犯之情変無際限故、若定法之増減ニ而難差通情犯者ハ、無本条犯罪僉議律見合厳密僉議之上、無過不及加減可有之、

後条同断

一五百日之寺入ニ一等加へ候時ハ、流六年以上十年迄、左条之通可加之、流六年ニ加へ上重く相見へ候者ハ、流三四年ニ引替候共僉議次第

一三流加上候時ハ流六年以上十年迄順ニ加へ上、減下候時ハ左条之通寺入ニ可減下、縦令流十年を六年ニ減下候而も同じく流刑之罪名ニて宥減之詮無之故、本文之通ニ候

一一世流配所遠近難易等を以軽重差別有之候得共帰郷不致儀は皆共同断、縦令住居易き近所へ配し候而も宥減之詮無之故是又寺入ニ

可減下

一若寺入ニ減下是非難差通情罪者ハ詮書見合僉議可有之、乍不申詮書有之迚軽々敷重僉議有之間敷候、後条同断

一等減時ハ寺入五百日、一世流ゟ寺入ニ減下相応不致者ハ流十年八年○流十年ハ六年四年○八年ハ四年三年○六年ハ流三年所払ニ引替候共僉議次第

二等減時ハ寺入四百日、右同一世流ハ流八年六年○流十年ハ四年三年○八年ハ三年二年○六年ハ流二年所払ニ引替候共僉議次第

三等減時ハ寺入三百日、右同一世流ハ流六年四年○流十年ハ三年二年○八年以下ハ定法之通寺入所払三百日ニ可減下

一死罪各軽重差別有之候得共、可及絶命儀ハ皆共同断、縦令簱引ハ首を斬罪ニ召軽候而も宥減之詮無之故、各一同犯条之通流刑寺入可減下

一等減時ハ一世流、一世流減下ケ重く相見得候者ハ、長き遠流幷流十年ニ減下ケ候共僉議次第

二等減時ハ寺入五百日、寺入ニ減下ケ軽く相見得候者ハ流十年八年ニ減下候共僉議次第

「三等減時ハ寺入四百日、右同流八年六年、○四等減時ハ流六年四年減下ケ候共僉議次第、其以下定法之通所払順ニ可減下」

一罪科加ヘ上候次第、前条定法之通寺入五日以上加ヘ上流十年ニ到り年季流之定数尽果、以相加ヘ候得バ一世流ニ到り候故、又流十年迄ニ召止め、一世流ニハ不加ヘ上、且一世流ハ犯罪ニ不加入、長き遠流一世流迄ハ加ヘ入候律条も有之候、是ハ各本罪ニて加法を以加ヘ入候筋ニ而ハ無之候間、各本律之通可召行

一各律内罪限有之、或寺入何十日迄、或流何年迄可召止由段々罪限有之候間、是又罪限迄加ヘ上、其上ニ加ヘ上間敷候、且減下る時ハ差当候罪科より可減之

一流二年三年ハ寺入四百日五百日之閏罪、且流四年ハ流三年之閏罪、且長遠流ハ流十年之閏罪なる故、各本罪之増減同断可論、流二年三年ニ増減之律条ハ弥本律之通、流二年三年ハ増減可有之

一大概賍物幷日数を以罪科相加ヘ候類ハ、各律条相見得候定数之高ニ不足成内ハ其罪ニ不加ヘ入、縦令バ賍方盗等之律内盗銭百貫文之内九拾九貫九百五拾文ニ至り僅五拾文不足成共、百貫文ニ不足成内ハ百貫文之賍罪不申付、分十百文之賍罪ニ可処、且療治日限廿日等之律内

之定限を廿一日ニ移り候共、廿日之時刻不過内ハ其罪不申付類也、此外各律条人数高并器物又ハ田畑町端等、定数を以罪科差引有之類ハ此例を以可論

条々

一情罪ニより科定之通ニて軽く相見得候共、夫々之罪分ニ不到内ハ軽々敷加へ上間敷候、是律法大切成儀ニ候間聊疎意有之間敷候

一若科定之通ニて難差通情罪者ハ遂僉議、寺入日数流刑年数定数之通ニて配所一二等遠近を以加減有之候共僉議次第

一各律条之内本条を以相応不致情罪者ハ、僉議次第増減可有之内詮書仕候茂有之候、是ハ前条之通配所遠近を以茂、是非難差通訳有之情罪者を堅僉議之上加減可有之儀ニ候間、無本条犯罪僉議律見合可論、乍不申詮書有之迚、軽々敷増減有之間敷候

一科鞭二ツ以上四拾五迄、五鞭一等にして順ニ増減可有之

一科牢枷号可取交罪犯者ハ、五刑図各条ニ見合其差引を以取交可召扱、後条科牢所払枷号同断

一科鞭四拾五ニ加へ候時ハ、所払百日以上流十年迄各定法之増減同断、所払百日ニ加へ揚相応不致者ハ五刑条々見合、科鞭五十迄ハ召行候共僉議次第○後条科牢枷号同断

附、所払ニ可加へ上節ハ、科鞭科牢枷号取交百日之差引を以加へ上候共僉議次第

一科牢一日以上二十七日迄、三日一等として順ニ増減可有之、揚牢科番増減同断

一所払百日以上五百日迄、百日一等にして寺入増減同断順に増減可有之

一所払二百日以上五百日以下ハ、増減共科鞭科牢枷号取交、残日数所払申付候共僉議次第

一枷号一日以上九日迄、一日一等として順ニ増減可有之

年月差引各律条日限年限又ハ老幼并人数之多少を以可論律法有之、其差引方之律条

此条ハ各律内或日限或年限或老幼或衆人或同謀人抔与申、各定数有之夫々差引之法義、各律内難書加故此条ニ括、携之

役々過誤なからしめん律条也

一一日ハ昼夜ニて十二時毎時ハ八刻之積ニ而九拾六刻たるべし

一日限を以可論律条ハ療治日限律幷公用遅滞律手負人養生日限又ハ公用之書通定限過令遅滞類也、尤日限過次日ニ移り候共、定限日数之刻数内ハ其罪不申付、縦令バ朔日辰時人を殴傷、療治定限廿日過、廿一日卯時死候得バ、夫迄ハ廿日之刻数内ニて限内なる故、喧嘩殺害律を以論其咎可申付類之律条也

一細工作料日用賃銭等昼夜之刻数を以ハ不論、日中之刻数一日六時之積立ニ而月之大小差引現日数を以差引可有之、夜仕事之時も差引方同断

但、辰之頭より辰之時迄半時、且辰之頭より巳之頭迄一時也

一寺入科牢等赦免之節ハ、刻数無差引定限日数相成候次朝可差許、外にも此例を以論相応可致儀ハ弥准之僉議可有之

一一年ハ三百六十日たるべし

一年を以可論律条ハ、贓物支配律盗賊捕防律等各定限過縦令次年ニ移り三百五十九日ニ到り候共、一年之日数三百六十日ニ一日不足なる故、限り満たるを以ハ不論類之律条也

一流刑其外罪科赦免之限ハ日数無差別、閏月込月数を以一年之差引仕赦免可有之、外にも此例を以論相応可致儀ハ弥准之僉議可有之

附、若流刑赦免之月数僅之不足ニて帰郷之便宜間後相成越年ニも相掛り、徒ニ滞留可為致者ハ、一二三ヶ月程之月不足ハ無差引赦免する共、其時之吟味次第

一人之年歳糺方ハ系図幷札表を以差引可有之

一老幼之差分を以可論律条ハ、老幼廃疾犯罪律七十歳以上十五歳以下之老幼ハ罪科贖銭引替、且犯人存留親を養律老疾之祖親保養

之独子何ぞ之犯罪有之節ハ贖銭引替等之類之律条也、尤口柄ニてハ年歳増減之虚実決断難致故系図札表を以可論

附、老幼ニ而も人々生質次第強弱、又ハ札歳取違歟抔ニて、実儀相当不致も有之候ハヽ、其期ニ到り吟味可有之

一各律内衆人与有之ハ、三人以上多人数之名号也、尤三人ニ不及二人ならバ衆人を以ハ不論、三人以上ハ其数限無之

一衆人を以可論律条ハ、劫囚律上納物催促方、又ハ何歟ニ付御用之者幷罪人捕出し候を、人数三人以上相集於中途奪取類之律条也

一各律内同謀与有之ハ、二人以上相共ニ其事を謀る者を云、尤一人ならバ同謀を以ハ不論

一同謀を以可論律条ハ、謀殺律内同謀を以人を謀殺張本従者、或喧嘩殺害律内同謀を以人を殴、或同謀を以致盗類之律条也

附、謀殺律内一人ニ而茂独心ニ謀て人を殺し、其情人皆為存知歟、或其凶器傷痕与為致符合歟、或致毒害其薬求ロ等顕跡明白ならバ、一人成共謀を以可論

無本条犯罪僉議例外之犯罪到来之節相応可致余律を引、又ハ夫ニ准増減を以可議定法律

法制ハ限り有て情愛ハ究なき故、律条相洩候犯罪ハ余律見合、相応可致律例ニ比し、或ハ減或ハ加へて可議定、尤律例ハ刑法たりといへども、其大旨罪科なからしめん本意成ゆへ、態々其心入を以平等に可議定儀可為肝要

一科定相洩候所犯到来之節ハ余律見合、相応可致律例ニ比し、又ハ増減を以中等ニ相叶候様遂僉議、首尾方可有之、若夫々之情罪ニ応じ、細密不遂僉議うかと致決断、罪科令出入者ハ則罪科出入律見合可議罪

一本文之通余律を引可致議定罪科ハ、何律之内何々之律条々比し候段、又ハ何等減し何等加へ候段、問付書ニ委細張紙

を以可差出、左候ハヽ、猶又僉議之上可達上聞儀ハ達上聞、首尾方可申渡

条々

一何歟疑敷心落無之情罪者ハ其訳遂披露、御物奉行申口入再評可差出、尤御物奉行申口も律例引当細密令評論、平等方僉議之通同意又ハ外ニ見付も有之候ハヽ、其訳も張紙を以可申出、若何ぞ之心入有之、僉議不行届儀有之候歟、或ハ細密不遂僉議大形之廉於有之ハ、情罪次第相応之罪科可申付

一何ぞ之儀ニ付時々禁止申渡候儀ハ其時之僉議次第、素より科定無之儀を令違犯者ハ情罪軽重ニ応じ不応律を以可議罪

琉球科律　巻之五　戸役　田宅　倉庫

戸役

一子孫別家

田宅

一器物作毛破壊

一瓜菓擅喰

倉庫

一御米納限

一御物法外取納

一御物不足

一御物相役人へ逢盗

一御物凡人へ逢盗

一取払遅滞

一御物損壊

一上納物運漕

子孫別家祖親存在之砌、私家を没財物も各別ニする子孫等科律

此条ハ薄俗を懲、孝弟を敦ふする之科律也

一祖父母高曽同断父母存在之砌、子孫曽玄同断父母之命を不受して外へ家屋を設、財物各別ニして別居する者ハ、親ニ離るゝの心有之ゆへ寺入五十日、若祖親許容ならバ不及沙汰ニ故、祖父母自身より訟出候ハヽ、取揚其咎可申付且父母之忌中兄弟共右之所犯有之者ハ、是又親を忘るゝの心有之ゆへ寺入三十日、若祖親の遺言ならバ此律を不用故、二十五日○別人披露ハ軽々以上有服之尊長ゟ訟出候ハヽ、取揚其咎可申付○敷取揚間敷候

一情罪軽重ニより本律を以相応不致者も有之候ハヽ、不応軽重之律を以論増減する共僉議次第

器物作毛破壊家屋并垣の類、又ハ墓之飾等相損候科律、公私込る

一何ぞ之心入有之、人之器物又ハ樹木墓所樹木込る作毛等伐破る者ハ、代分弁償申付脇方盗ニ准じて論流十年まで、○失脚又ハ誤て伐破る者、無心所為ニて候ゆへ代分弁償申付不及沙汰

一右同公所之器物并樹木作毛伐破る者ハ弁償申付、脇方盗ニ准賍罪之上ニ二等相加流十年迄、○失脚又ハ誤而伐破る者代分弁償申付、右加罪之上ゟ三等減可議罪

附、本文二ケ条罪科重く相見得候情罪者ハ、減罪するとも僉議次第、後条同断

一右同脇々謄写子曰此二字未だ何の字たるを詳ニせず、姑らく原本の二形を写すのみ墓之飾碑文等相破る者ハ修補料弁償申付寺入四十日○誤而相破る者ハ修補料弁償申付不及沙汰ニ、右同家屋并垣之類相破る者は修補料弁償申付賍坐律を以可論、誤而相破る者ハ修補料弁償申付不及沙汰ニ(編者註、脇々正しい。一〇七頁参照)

一右同諸役所其外公義構之家屋囲垣等相破る者ハ、修補料弁償申付賍坐律を以論二等相加、寺入五百日迄、○誤而相破る者ハ修補料弁償申付

不及沙汰ニ

条々

一樹木作毛等伐破候迄ハ上文之通、若伐盗候者ハ御墓所樹木盗律幷野原作毛盗律見合夫々之情罪ニ応じ可「議」罪

一竹木等当用ニ任少々伐取、盗之心入ニ難召貶類之情罪者ハ、瓜菓擅ニ喰律条見合可議罪

一諸役人存之器物失脚怪我、又ハ諸役所其外之家屋幷垣之類毀破候類ハ、御物損壊律を以て可論

一逼迫者ニて損失物弁償幷修補等不相調得者ハ、贓物支配律条見合可論

瓜菓擅ニ喰　瓜菓之類自儘取喰、本意盗犯ニ難召貶情罪者科律、公私込る

此条瓜菓之類擅ニ取喰候者ハ、盗之心入とハ相替何ぞ之欲心無之所より他見之有無茂不顧、うかと取喰候情合にて、人見（目カ）を忍他之財物盗取候情罪とハ不同、本意盗犯ニ難召貶情罪ニて科定軽ク召立置候、本文木之実喰物限らず外にも盗犯ニ難召貶類之情罪者ハ此条ニ准じ僉議可有之

一脇方作立之木之実瓜之類喰物込る自儘取喰、或ハ取破る者ハ代分取立、弐拾貫文以下四十貫文ニ到らず内寺入五日、弐拾貫文毎ニ一等相加、五十日迄ニ可召止、尤取喰候ハ其限有之、持去候ハ数多き事も可有之ゆへ自儘ニ持去候者ハ、右之罪科ニ一等可相加

一盗之心入有之者ハ、野原作毛盗律を以可議罪

一御下屋敷幷於役所木之実喰物等うかと取喰者ハ其恐無之故、前条脇方之木実自儘ニ取喰罪科ニ一等可相加、自儘ニ持出者ハ僉議次第、猶又加罪可申付

一公所之瓜菓喰物自儘取破る者ハ、器物作毛破壊律内御物取破律を以て可論

一窃ニ取去、盗之心入有之者ハ御物盗律を以論役人ハ御物凡人へ逢盗律を以て可論、御物盗律を以論重く相見得候者ハ僉議次第減罪可申付、役人同断

一前文ヶ条木実喰物等公私込る軽微之物ニて候故弁償ニ不及、然共員数多有之節ハ、僉議次第弁償可申付、後条准之可論

一木之実喰物構之役々他人へ与へ、或他人自儘取喰候を不申出役人ハ自儘ニ取喰候凡人同罪、若役々貪欲構窃ニ持出盗犯ニ可相懸者ハ、役人盗律を以て論減罪いたし贓物可取揚

御米納限限過不納者之罪科幷利懸等之法義込る

一売(御カ)物上納方、各定限之通皆納可有之、若定限三ヶ月過不納有之候ハヽ、検者地頭代存之さばくり掟、不納之地人、各受込之納高十分ニメ、一分不足有之候ハヽ、寺入十日、一分毎ニ一等を加へ寺入五十日可召止、定限帳当座取納座公事帳ニ見得候附、日限相立時々手形入之節及不納候者ハ、上納物運漕律見合可論

一検者地頭代存之さばくりハ、間切中之納高十分ニ取、掟ハ構村之納高、不納之地人ハ受込之納高を十分ニメ差引可有之

一本文検者地頭代存之さばくり不納高各分数ニ不及節ハ、罪科宥免之法義なれども、下知方大形役務之程不相立故罪科ニ処し候ハ、其時之僉議次第、掟地人同断後条同断

一役人賄を受、上納方不足させ候ハヽ、本文不納之罪科幷ニ賄を受公法曲行律引くらべ重を以可論

附、賄を遣ハし候者ハ、是又不納之罪科幷賄を遣内意「律」引くらべ重を以論べし

一次年祭過不納有之候ハヽ、定法之通利附を以て上納可申付、利平定勘定座規模ニ見得候（上の注原本の字形を写すのみ）

一祭三ヶ月過不納有之候ハヽ、右役々各不納高を以論、本文罪科一等宛相加へ、寺入六十日迄召止べし

一知行幷地頭作得等茂、右ヶ条ニ准じ可論

但、受地仕明叶米不納有之者同断、検者地頭代さばくり掟へハ不及沙汰ニ

「条々」

一御米積船逢災殃候節、諸首尾方且上納物掠取、且相場代高直有之、代分上納之訟申出現免売払（米カ）、定代を以代分上納利得之取行有之者ハ、上納物運漕律見合可論

一諸役所取納方相滞、且無理之執行有之首尾方ハ、御物法外取納律弁取払遅滞律見合可論

御物法外取納　御物取納方非道之働を以取過仕候役々、弁取納過之員数、主々へ差返させ候科律

一御物売（衍カ）取納方定法之通正道執行可有之、若法義を犯弐斗を踢、或とばし入、或森升等ニて多取納有之役々ハ寺入五十日、取過之贓罪本罪より重く有之候ハヽ、贓坐律を以論寺入九十日迄可召止、余之取納物も准之可論

但、本文之執行有之候共、未取納無之内ハ寺入卅日以下申付候共僉議次第

一役人依申付、手代下代無是非下知ニ随相犯候節ハ、役人へ罪科申付、手代下代ハ宥免、且手代下代相犯候節ハ、手代下代へ罪科申付、○且役人手代下代同意ニて相犯候節ハ、首従差分従者一等可減

一取過之員数ハ主々へ可為相返、若致混雑其取分け不罷成節ハ、御物ニ可召成

一本文之執行有之段乍存、不申出奉行人幷役々ハ不応律を以論、不存者ハ不及沙汰

御物不足　諸役人御物不足弁諸職人上納不納之科律、且家財を以弁償弁「他」借渡を以て弁償之法義込る

此条ハ諸役人各功労ニ応じ、職役被召授候故、随分入念相勤、御物過不足無之様、諸首尾全く可引結本意ニ候処、

前後之勘弁忘却御物寄替、或振廻等之所犯ニ依て、終ニ御物令不足者ハ、其咎難遁故、夫々之科定厳重ニして罪科なからしめん為、左条之通り律法相立候

附、勘定座法様之通首尾不相調得段申出、懸披露平等方へ問合有之候ハヽ、贓物支配律を以論家財迄を取揚、妻子ハ宥免たるべし

一不足高法様之利付を以相役割府(賦カ)申付、弁償方不相調得者ハ、役人盗贓数を以論一等減流三年以上一世流迄召止べし、役人盗同前之情犯と申ながら、現盗之者とハ情合相替候ニ付一等減候、若情罪ニゟ一等減候ても重相見得候ハヽ、猶又減罪するとも僉議しだい

附、相役中不足高多少有之、其差引を以て返償方之願申出る者ハ、弥其通返納可申付

一本文役人盗贓高を以一等減罪科相定置候、然処不足高元利取立其罪ニ入候ハヽ、虚贓之為ニ及重科者茂有之候、縦令バ御物分四百貫文及不足、其罪流三年可申付者を、何ニ付手数相懸け及重高、おのづから流八年十年之重流ニ入、且年季流之者一世流ニも入、虚贓之為ニ軽流を重流ニ入候義不当然儀候故、利平及重高候共流罪ニ処候節ハ、本分迄を以贓罪差引可有之

一足役幷仮役手代下代等、懸り之役々時加勢込る御物内借返納不相調得終ニ令不足者ハ、御物盗贓数を以て論一等減流二年以上十年迄召止へし、若御物盗贓数を以て論一等減候ても重相見得候者ハ、猶又減罪する共僉議次第

一御物不足相立平等方及糺、漸御物返償相調得候職役人ハ、御厄害相成候不届ニ付不足高多少無差引寺入九十日、〇且足役幷仮役手代下代、懸り之役々時加勢込る御物内借右同断、御厄害ニ相懸り候者ハ一等減寺入八十日、若情罪ニより寺入八十九十日ニて重相見得候者ハ、猶又減罪するとも僉議次第

一職役人自分ハ不及不足候共、相役之内不納相立及流刑候節ハ、御物不締為及不足候不届ニ付寺入三十日、〇奉行人ハ下知方致大形候不届ニ付

寺入廿日、○「且役人及糺皆同相納候節ハ、相役人ハ寺入廿日」、奉行人ハ寺入十日可申付、

条々

一右ヶ条之面々御物弁償方不相調得者ハ、其咎目難遁情犯ニ候、雖然本犯人得与心落させ候上、罪科可召行儀大切成儀ニ候故、縦令他借渡之私物を以弁償之願申出候ハヽ、取揚其糺可有之、若（御物不足之不届者とて）不取揚、直其咎申付候ハヽ、心落無之いやながら其罪ニ沈候情合、尤取揚其糺申付候ハヽ、御物全く目成、罪科軽可被召行儀ハ勿論、縦令皆納無之其罪ニ入候共、（難有致心服）無残意可奉畏候故、左条之通可議論

一本文他へ借渡物之外可償術無之、（尤自分ニて催促為致事如何共埒明不申訳を以て）直に返償被仰付度旨願出者ハ取揚其糺申付、（借物律を以論）順々首尾方可申渡、（縦「令」借物元利及重高候共、御物不足返弁申渡、余ハ相対之首尾方ニ可召成）

一他借物を以返償相調候職役人ハ、前文全く返償之ヶ条を以論、其咎申付、○且借主ハ（借物律を以論）罪科有無之差引可有之

一御物之不足之役々（手代下代時加勢込る）若所持之財物取隠、態々公所之手をかり、他借渡「之財物を以返納可致所巧ならバ、則所持之」財物取揚、返納高致差引候上、（公所を欺不届ニ付）前文全く返償之罪科ニ二等相加可治罪

一他へ借物無之、又ハ自分才覚も不相調得、両三年差延候ハヽ、御物全く返償方相調得候訳、一門親類引受延之訟申出者ハ、（御物首尾方之心躰相見得候故）堅僉議之上、返償之手段相見得候ハヽ、其段遂披露一往差延、乍其上及延引候ハヽ、犯人ハ（前文之）贓罪申付、一門親類ハ申出之程不相立故、（不応律を以論）役人罪科軽重ニ応じ可治罪

附、延之通皆納仕候ハヽ、犯人ハ前文全く返償之罪科同断ニ論、一門親類ハ不及沙汰

一諸職人上納物不納有之者ハ、前条職役人御物不足相立候ヶ条見合可論

附、家財欠所幷皆納之時罪科減免、幷本分相納利足不足等之諸首尾方ニ至り、惣じて前条見合可論

一家財を以上納方目成不申、相与人配分幷弁償申付、全く弁償仕候者ハ、相与人不及沙汰ニ、○若相与人及不納候ハ

、、是又家財取揚首尾方可有之

附、自分之上納前を相与人へ弁償させ候犯人ハ、寺入九十日申付候上、相与人より之弁償方ハ、返済仕候様可

申渡

一前文之通律法相立候得共、情変ハ無際限、一定法義之通にて難差通情意も可有之候間、時宜ニより能々吟味之上、

其執行可有之

一謀反叛逆等之重罪ニ依て、妻子家財及欠所候儀ハ勿論、御物不足等ニ付て家財取揚仕候「儀」専不足補之筋候処、

妻子迄欠所、一家離散させ候儀律意不相叶候間、向後家財迄を取揚、妻子ハ宥免たるべし

御物相役人へ逢盗御物掠取或盗取或内借或私物を以御物ニ取替候を乍見付不捕留、或気届兼見失候役々科律、足役加勢筆者込る

一諸役所役々奉行人を始手代下代等ニ至り相検見を以御物守護可有之、若掠取、或盗用、或ハ内借、或私物を以御物ニ取替御蔵外へ出し候を乍

見付取隠し不申出、或わざ〳〵見免不捕留者ハ、縦令贓物為取分儀無之候共奸盗同意之情犯なる故、御物不足律幷庫秤雇役侵欺律を以論本罪人同罪、一世流ニ至らバ一等減べし

一本文奸盗之情犯同意なるゆへ本犯人同罪、若情犯之訳ニより本律を以重相見得候者ハ、其訳委く遂穿鑿、情合ニ

応じ二三等以下減候共僉議次第

一右通本犯人通同之情弊無之、気届兼見失候情犯ならバ、本犯人罪科軽重次第寺入廿日以下五十日までニ召止べし

一本文ハ米（金カ）分品物等御蔵内より出し、見分ニかゝるべきを見失たる情犯なるゆへ手代下代等ニ至り罪科有之、若役々御物振替等之所巧を以て、帳内偽之書留又ハ皆納無之物を皆済受取出し、書面之上之情弊ハ手代下代等可察知様無之故、右之情犯しらざる者ハ不及沙汰

条々

一足役幷普請毎等ニて一時之役務も、定式之役々同断可論

一不覚逢盗或不締之廉有之、逢盗たる罪科又ハ盗取られたる御物役々より役々へ弁償方等之首尾方ハ、御物凡人へ盗律見合「逢」可論

御物凡人へ逢盗当役外之者へ御物逢盗幷態々見免し候役々科律、且逢強盗候節ハ沙汰なし、且訳ニより盗物弁償之科律込る

一日中御蔵内無故外人出入仕候を乍見附、其糺無之役々ハ寺入十日、〇右ニ付不覚御物盗取せ候ハヽ、疎略更ニ甚しき故盗人罪科軽重次第寺入三十日以上八十日迄召止べし、本文之通ニて情罪相応不致候ハヽ、減罪する共「僉議次第、後条同断」

一夜詰之役々不覚逢盗候節ハ、盗人罪科軽重次第寺入廿日以上七十日迄可召止、手代下代ハ役人罪科ニ准減罪可有之

一夜半代ニて寝候役々本文之罪科より二等減すべし

附、夜回之役々茂越度ニ応し可議罪

一盗人乍見附わざ〳〵見免し則不捕出役々ハ、盗犯同意之情犯故盗人同罪、一世流ニ至らバ一等可減、情犯之訳ニて盗人同罪ニて重く相見得候者ハ、二三等以下減すべし

一強盗ハ防方力ニ不及故不及沙汰ニ

一不覚逢盗候者ハ、公罪ニ懸り候故役代合ニ不及、且わざ〳〵免し候者ハ、私罪ニ懸り候ゆへ私罪を犯律見合役代合可申付

「条々」

一奉行人不下知之廉有之候ハヽ、僉議次第役人罪科減罪可有之

一御物逢盗候節盗人相知証拠明白ならバ役人弁償宥免、尤盗人不相知、或御蔵弱所有之歟、又ハ不締ニ依而逢盗候ハヽ、縦令盗人出候共、御物不目成分ハ弁償申付候共僉議次第

取払遅滞諸品取払之刻先役を以順々請取渡無之、且無故難儀遅滞させ候科律

御物取払無遅滞人々到着之先後を以順々請取渡可有之、若先後無差引取払有之候ハヽ、寺入廿日、遠所之者又ハ訳ニより先達而受取渡し無之候て不叶者ハ、其時之見合次第

一右同無故難儀可請取等不請取、且渡方可致物を不相渡、人々手隙を費し為及難儀遅滞させ候役々ハ、利得可致所巧候故一日ニ寺入二十日、五日毎ニ壱等加へ、寺入百日迄ニ可召止

附、方法違或品位あしく或寄不足ニ付自分ニて相扣、或渡方之期到来不致、或御急用其外公務繁多之砌ニ而取払不罷成、滞留させ候儀共ハ格別ニ「候」故不及沙汰ニ

一賄を受候情弊有之候ハヽ、賄を受公法曲行、公法不曲行律引くらべ重を以可論

条々

一取納相済候を請取不相渡、無故滞留させ候茂本文同断

一渡海之者共帰帆期相後れ滞留させ候ハヽ、僉議次第加罪申付、寺入百日迄召止べし

御物損壊御物格護致大形令損壊候役々罪科、又ハ何ぞ之逢災殃令損失候節首尾方幷ニ右ニ付貪欲之所行有之役々科律

一諸役所御物法様之通格護又ハ時々干そがし等可致之処無其儀令損壊役々ハ、直下り代弁償申付、贓坐律を以可議罪、役足弁加勢筆者手代各受込之御物令損壊者同断

一致大形令損壊廉相見得不申物ハ、弁償弁罪科宥免

一御物令損壊節、奉行人も不下知之廉於有之ハ、僉議次第不応律を以可論

一水難火難風雨又ハ強盗等不意之急難ニ逢、防ぎ方不及力御物致損失候節ハ差引可承役々立合堅く相糺、災殃之証拠明白有之候ハヽ、罪科弁償可為宥免

一逢類火候節ハ本文之通り、若自火又ハ凡人へ逢盗候節ハ、失火律弁御物凡人へ逢盗律を以可論

一右之急難ニ乗じ御物取掠、或以前寄替、弁他借等相渡置候を、右災殃ニ為致損失由偽を構、請取払之書通弁帳内致添削、貪欲之方法ニて公義を瞞し候役々ハ盗同前故役人盗律条見合論べし

　附、贓物少情罪茂軽く役人盗律を以論重有之者ハ、僉議次第減罪可申付

一本文乍存不申出奉行役人ハ、犯人罪科より三等減、不存訳相立候ハヽ、不及沙汰

　附、相構候役々乍存不申出候ハヽ、本文罪科僉議次第猶又減罪可申付

「条々」

一諸座諸御蔵破所有之候ハヽ、則ニ修補申出べし、若致油断為及大破候ハヽ、不応律を以議罪候共僉議次第

一役代之砌、諸座諸御蔵差図引当、存之奉行改検者見分之上破所有之候ハヽ、修補させ可次(マヽ)請取、若修補所有之候を其儘請取渡有之候ハヽ、新古役々不応律を以議罪するとも僉議次第

附、差図表不足有之候ハヽ、役人へ弁「償」申付、贓坐律を以論候共僉議次第

一役代之砌、位劣之等有之候ハヽ、存之奉行改検者見分之上構之御物奉行申口得差図首尾方可有之、若無其儀位劣之等請取候ハヽ、当役へ直下り代弁償申付、贓坐律ニ准じ議罪する共僉議次第

一上文贓物弁償不相調得首尾方ハヽ、贓物支配法条を以可論

上納物運漕上納物寄せ方法違、災殃ニ乗じ取掠、且現品売払代分上納、且売(穀カ)物等ニ土砂抔交入相納る科律

一売(穀カ)物幷諸雑物時々手形入之節ハ、存之さばくりにて村々無親疎賦入、現品番所へ寄させ、検者地頭代見調部之上、宰領人相附日限無相違様可相納、若右之法義相背き、宰領人不相附、或検者地頭代調部ニ可入物を不入、或村々之者共へ直納させ候者ハ、左条之通可治罪

附、御急用又ハ品ニより、検者地頭代調部ニ不入可相済、幷番所不最寄之村々ハ直納申付候共見合次第

一右之法義相背き、又ハ日限過御用欠相成候ハヽ、存之さばくり掟之間越度有之者、不応重律を以論じ地頭代検者へも不下知故不応軽律を以論可議罪

一大風其外何ぞ之支有之相滞、其訳相立候ハヽ、罪科有免

一上納物運漕之船々、風難火難強盗等ニ逢候節ハ、則其所之役々ニ申出、荷物幷船具等ニ至り一々相改させ、実其通無相違段役々証文を取申出候ハヽ、不意之災殃故罪科有免、若危難ニ乗じ何ぞ之所犯有之候ハヽ、左条を以可治罪

一御物抑留之所巧を以、態々本船漂流させ、又ハ実及難船候共、損失少有之候を、災殃ニ乗じ取掠多損失為致由、宰領人偽之首尾申出候類之情罪ハ、役人盗律を以可論、若役人盗律を以論重枉見得候ハヽ、二三等以下減候共僉議次第、後条同断

一上納物相場代高直有之、利得之所巧を以現品有合候を不有合由色々謂を立、偽て代分上納之訟申出、現品売払代

分相納、売増之余計存之さばくり致利得候者も右同断

附、売増無之候共、公所を欺き法外ニ付不応律を以僉議可有之

条々

一売(穀カ)物砂糖抔ニ土砂其外何ぞ之物交入相納候ハヽ、相犯候者ハ情罪次第、前条夫々之法義見合、罪科増減可有之

一検者存之さばくり共不下知之稜相見得候ハヽ、本罪人罪科軽重ニ応じ是又罪科吟味可有之

一上納物取納方難儀又ハ無理之執行有之候者ハ、御物法外取納律条見合可論

一年貢上納物不納之者ハ、御米納限律条見合可論、知行地頭作得幷請地仕明叶米不納之首尾方込る

琉球科律　巻之六　銭債　市廛

銭債

一借物
一預物
一拾物

市廛

一諸物代立
一押買押売
一斗舛斤量定規私作

借物高利弁押取又ハ返限相違之科律

借物取遣之儀借入候者ハ急用弁達、銭主ハ利足を取中ニ茂借入候者を可救義有之、相互ニ其心入を以緩急之所用可通達儀専一也、然るニ銭主ハ先方之急用ニ乗じて高利を取らんと謀り、且借入候者も又財利ニ依て致法外却て忍借償与亡却何歟ニ付図頼して返分延引仕候茂有之、各財利を貪財物廻通之取障なる故、左条之通法義立之

高利凡人幷諸地頭又ハ間切構之役々所之者共ヘ借渡方之科律

一借物利平定法ニ過高利を取候者ハ寺入廿日、○若定法之外四百貫文以上取過有之候ハヽ、贓坐律を以論寺入三十日以上五十日迄ニ召止、取過之分ハ主江可為相返

一諸地頭幷間切構之役々在番検者さばくり文子に至り於曖所仕繰ニかゝり、強而曖所之百姓等へ借物相渡、或ハしちを取候者ハ、義ニ逆依怙等之所犯なる故縦令利平取過無之候共寺入三十日、○若定法之外弐百貫文以上取過有之候ハヽ、法を不曲律ニ依て論じ寺入六十日以上五百日迄ニ召止、取過之員数ハ主へ可為相返、五百日迄ニ而相応不致者ハ、増減を以治罪する共僉議次第

一百姓等勝手筋宜敷き訳有之候ハヽ、借渡候共不苦

押取畜類財物家屋敷幷妻子共借物ニ引合取、或押取、或姦淫、或妻妾ニ召成候類之科律込る

一借渡物返限過首尾方無之、相対を以不相遂節ハ、訴状不取揚律法之通各一門親類与中構之役職人江可訟出、若無其儀任威勢押取等之法外於有之ハ、しち物又ハ其余之物ニ而も無構左条を以可議罪

一畜類財物家屋敷等押取いたし及披露候ハヽ、押取物相返させ、糺方之上借物順々首尾方申付、押取人ハ寺入五十日、借主ハ後条借物不納之ヶ条見合可論

附、本文居家之儀ハ格別なる故僉議之上加罪、且仕向ニより罪科軽重相当不致義有之候ハヽ、是又増減するとも僉議次第

一借物為催促借主之居宅へ関込《しちくみ》居候者ハ、非法之所行なる故訟出次第一門親類与中江申達退家可為致、若公所之下知も不受付、猶以関込居候者ハ、不応軽律を以可議罪、借物首尾方ハ順々訟出次第取揚「糺」方可申渡

一妻妾子共借物ニ引合取る者ハ、縦令強暴之働ニ而無之和談たるといへども、借主本心ニあらず義理ニこまりいやながら引渡候情合、尤骨肉を離散させ候も不顧快引(強カ)合取る者ハ、人情不相叶故寺入六十日、若本文之通ニ而情罪重相見得候ハヽ、減罪する共僉議次第、尤妻妾子共ハ相返させ、借物首尾方前条同断

附、借主返分之術相絶、願出ニ依テ引合取たる情合有之者ハ、不及沙汰ニ

一右之婦女姦淫する者ハ、前条之罪科四等加ヘ寺入百日、本文之通ニ而相応不致情合有之者ハ、犯姦律見合増減可有之強而奪取ル者も同断寺入百日、本文之通ニ而相応不致情合有之者ハ、増減するとも僉議次第強而奪取候後姦淫する者ハ流八年、本文之通ニ而相応不致者ハ、増減する共僉議次第

附、婦女相返させ借物ハ糺之上順々首尾方申付、尤強て奪取姦淫する者ハ情合可悪故、借物も損亡可申渡

一若口入人了簡迄ニ而引取相渡候を請取候者ハ、本罪より減罪する共僉議次第、口入人罪科ハ後文見合可論

一押取之加勢仕候者ハ、不応律見合僉議可有之

借物不納利平差引之法義并本一倍之諸首尾方込る

一借物返限相違、訴状不取揚律法之通右構之役所江訟出候ハヽ、相糺情罪軽重に応じ寺入十日以上四十日迄召止、尤訟出候月より糺済返弁申渡候後三ケ月内ハ無利、三ケ月過候ハヽ、利平一倍ニ不付、借物ハ返弁申渡候月ゟ引起本分ニ利付を以首尾方可申渡、月数ハ年月差引律見合可論

一借主無財者ニ而返済不得相調、尤しち物ニ而茂不筈合候ハヽ、金主損亡可申渡、○若しち物無之借物ならバ、借主家財一門親類口入人江代付させ、夫とても返弁高致不足候ハヽ、本分残分無利ニメ口入人江弁償可申付、若口入人弁償不相調得歟、其外何ぞ之届不足有之類ハ、不応律を以論其咎可申付

一年数相滞利平本分ニ二三増倍以上及重高候とも、本一倍之差引を以返弁可申付

一縦令月利年利又ハ細払抔仕置候利分ハ、本一培之差引ニ不及、不納之利分を本一倍之首尾方可申渡

一右之法義を幸ニメ何角与申廻、態々延引利欲之所巧之者ハ、本一培之差引不申付利平付通しニ而定法之罪申付候「歟、本一倍を以返弁申渡、罪科増減律見合情罪次第加罪申付候歟」、其時之僉議次第

条々

一借銭取遣之儀、月利年利細払仕置候者、跡々ハ頭より引起割落を以首尾方有之候故、却而払過ニ相成金主方ゟ払帰す候筋ニ茂相成、段々事煩敷、且利払相滞数年相掛り候得バ、本分三四増倍にも及旁以不足故、此節本一倍之法義相立申候

一定法之利息ニ過候ハヽ、定法之利息ニ下げ、且定法ニ引入候ハヽ、弥引入候利平、且無利之約束ならバ弥無利首尾方可申渡

一無利之借物ニ而も返限過候「敷」或限無之候共催促有之上返分相滞候者ハ、限次月并催促為有之月ゟ利付可申付

一銭主之儀（何ぞ之事不足無之者も）公義厄害ニかゝりたる筋を以跡々及罪科ニ候、然処親類与中より茂不得埒明上ハ、是非公義裁ニ不掛候而不叶儀ニ候故、向後何ぞ之届不足無之者ハ不及沙汰ニ、（何ぞ之届不足有之者ハ後条見合可論）

一屋敷差出并田畠等しち物ニ取候節ハ、各法義之通証拠書を取可借渡、若法義を犯其届無之しち物ニ取、（証謀書謀判「敷」重証文「敷」ニ而）及難渋公裁ニかゝり候者ハ、（不応軽律を以論）其咎申付、借物ハ順々首尾方可申渡、（余条此例を以可論）

一他之請地仕明并屋敷差出抔借入しち物入候節ハ、主引合之上借状連印させ借渡べし

附、若主無熟談しち入候を無案内ニ質取、終ニ及難渋候者ハ、（盗物質取候情罪ニ属し候故）しち物之差引不申付、則取揚主江引渡候上、借主ハ前条本律を以論、金主ハ（不応軽律を以可議罪）

一謀方（書）謀判之屋敷差出、并正差出を以両所へしち入借分不納之者ハ、（しち取候前後無差別）屋敷ハ正差出しち取候者江引渡、謀判差出しち取候者ハ借分返弁可申付、（謀判差出しち取者より面付替仕置候共、首尾方同断）

但、両所共正差出ならバ、屋敷は先立而しち取候方江引渡、後しち取候方江ハ借分返弁可申渡、（面付替仕置候共首尾方同断）

一謀書謀判為致本犯人ハ、（前条定法之通）借物返弁申付候上（公私之財物掠取律条ニ見合可論）、（本文之通ニ而相応不致者ハ、御当地例見合加減する共僉議次第）○且（謀書謀判之段）乍存、

連印之口入人幷与中ハ本犯人之罪より減罪可有之、謀書謀判之段不存候ハヽ、不及沙汰
一請地仕明等作得高申重〆金主をだまししち入、或他之地方迄自分之地方と申偽見届させ、或他江しち入置候ニ付請出し可相渡由申廻、終ニ渡方無之、或しち物ニ入置候屋敷等、金主無引合売払、其外右躰偽之方便有之類之犯罪ハ、謀書謀判ニ属し候故右ニ准じて論減罪するとも其時之僉議次第
附、何歟間違有之、無是非及相違、本意だますべき心入ニ而無之者ハ、僉議次第借物不納之罪科迄ニ而差通候共、
是又僉議次第
一借主他江借渡物有之候共、夫々差引不申付、然共外ニ返弁可致財物無之者ハ、堅僉議之上与中親類証拠書を取利付を以差引申付候共、其時之僉議次第
借主死後子孫江返弁申付候節、子孫江ハ不及沙汰
しちや高利之科律幷しち物ニ疵を付、或盗物しち取、或限過売払等之諸首尾方込る
一質屋之儀前条借物同断緩急之所用可通達儀専一ニ候故、定法之利平ニ不可過、尤しち物之品員数慥ニしらべを出し、格護をも可入念、若何「歟」不埒之廉於有之ハ、左条を以可議罪
一定法之外高利を取候者ハ、前条本律高利之利律同断可論
一しち物格護致大形鼠切濡し等之疵を付候ハヽ、弁「償」可申付
一しち物之衣類器物等致私用者ハ不応軽律を以論其罪申付、若用得古〆置候ハヽ、預物律内自儘用得古〆置候法を以可論
一逢出火質物及焼失候節ハ、失火律条見合僉議可有之
一盗人又ハ人を頼盗物しち入候を、何ぞ気を可附廉無之しち取置候物ハ、利付を以盗人江請出させ、しちや不及沙

汰ニ、盗物与気を可附廉有之候をしち取置候ハヽ、僉議之上無代ニ取揚、主江相渡不及沙汰、しち入分ハ盗人ゟ平等所江可取揚

一盗人可受出財物無之候ハヽ、無利請出候共、主心次第可申渡

一逢盗候人しち物見届平等所手形持参有之候ハヽ、不隠可為見届、若盗物質取置候を取隠し見せ不申者ハ、預物律内預物取隠し候法を以論、しち入物無代ニ取揚、主江可相渡、盗人財物有之候共、しち入分不申付、平等所江可取揚

一盗物与乍存しち取候者ハ、盗賊宿主律内盗物与乍存買取たる律条見合可論

模合

一模合勢頭共偽之方便を以模合人数財物だまし取る類之所犯ハ、相糺明之首尾方申渡公私之財物掠取律を以可論

但、模合之儀、乾隆十七申年糺方召止置候処、右之法義ニ手寄利欲之所巧差発、人ニ損毛させ候も可有之故、

自今以後本文之所巧有之者ハ取揚、糺方可有之

一他之財物畜類等預り自儘致費用者ハ、抑返弁不致心入ニ而ハ無之故預物弁償申付、賍坐律を以論一等減べし、利付可申付物ハ、後条利付差引之法義見合可論

預物詫物并商売物等無首尾有之物も此条を以可論

一偽を構、預物損失又ハ畜類落したるよし預主申騙者ハ、盗之心入ニ相見得候得共、自家江有之等ニ而他所ゟ盗取候とハ相替候故預物弁償申付、脇方盗ニ准一等減

寺入五百日迄可申付

一水難火難盗賊等不意之災殃ニ逢、且畜類落損失之訳慥成証跡有之候ハヽ、預り人越度無之故預り物弁償并罪科ニ不及

但、致大形損失之廉有之候ハヽ、上文預り物自儘費用之罪科准、僉議次第相当之罪科可申付

条々

一廿日以上有服之間柄、并外祖父母其外親属非分可取隠間柄之預ヶ物、前条之通自儘費用并申騙候ハヽ、弁償申付不及沙汰、其余之間柄ハ腰書之通可議罪

一十日忌係之間柄ハ、凡人罪科ゟ三等減、五日ハ二等減、無服之親属ハ一等減、預物可為相返、上文之通贓坐律并脇方盗律ゟ一等減候上、猶又順々減下べし

一利付可申付物ハ、贓物支配律条見合利平定数并代立等本法を以可論

一預物主より催促有之候を不相返者ハ、催促月より利付を以弁償可申付、利欲之心無之、家中何歟差支延引相成其訳相立候者ハ、僉議次第無利返償、後条准之可論

一旅向之届物無首尾有之者ハ、用物払物代帰帆次月ゟ右同断

但、地下中本文之執行有之者ハ、請取月より右同断

一衣類器物其外利付之法義無之者ハ現品返弁、然共催促有之上不相返、用得古〆置候ハヽ、本位之等又ハ相場代ニ而も時宜次第弁償可申付

一賃分可相掛物ハ贓物支配之条目を以論賃分取添、且畜類等子出生有之候ハヽ、子取添、可為相返

一失脚物見附候ハヽ、七日限平等所江可差出、左候ハヽ、役々見分之上、御物ニ而候ハヽ、惣様存之役々江引渡、脇方之物ニ而候ハヽ、廻文差通主江見届させ、相違無之候ハヽ、拾物十分にして七分ハ本主、三分ハ見付人江不隠差出候為褒美可分給之

拾物失脚物并地中ゟ掘出し物首尾方之科律、又ハ逃走之畜類寄物等首尾方之条も込る

一御物失脚有之候を見付候ハヽ、公義江可差出儀当然之儀ながら、訳ニより褒美無之候而不叶義も可有之候ハヽ、時宜次第吟味可有之

一三ヶ月ニ及主不相知候ハヽ、惣様見付人江可被下之

一自物与申偽掠取る者ハヽ、公私之財物掠取律見合論其咎可申付、後文同断

一定限七日過不差出者ハヽ、拾物惣様取揚、御物ニ而候ハヽ、存之役人江引渡贓坐律を以可論、且脇方之物ニ而候ハヽ、見附人江可分与、三分ハ平等所江取揚七分ハ本主江相渡贓坐律以論を二等減べし、本文見附人江可分与三分平等所江可取揚法義なれ共、訳ニゟ皆同主江被下候共僉議次第

一三ヶ月ニ及主不相知候ハヽ、惣様平等所江可取揚

一公所幷脇方之境地ニかまわず、地中ゟ金銀器物之類無主物掘得候ハヽ、十五日限平等所江可差出、左候ハヽ、役々見分之上、御紋付其外脇方所用有間敷尋常之器物ハ公所江相納、其余之物ハ公私共地主有之候得共埋置候其主不相知故惣様掘出人江可給之

一十五日過不差出者ハヽ、不応律を以論其咎可申付、掘出し物も公所江可取揚

条々

一牛馬羊等逬走候を取留候ハヽ、早刻平等所江可差出、左候ハヽ、廻文差通主罷出候ハヽ、左之通「取留賃幷飼立賃取納取留人飼立人江配分可相渡」

一銭弐貫文　逃牛馬取留賃　一同壱貫文　一日分同飼立賃

一同壱貫文　同羊取留賃　一同三百文　一日分同飼立賃

一於浦々寄物見付候ハヽ、所之役々江相附、七日限評定所江首尾方可有之、若日限過於不申出ハ、上文拾物日限之通不申出ヶ条を以可議罪

一他之境内ゟ拾物幷掘出し物逃走畜類寄物等見付候ハヽ、其所之役所江可差出、左候ハヽ、所之役々受取、前文定法之通首尾方可有之、首里ハ平等所、那覇久米村泊諸間切ハ各役所〳〵江可差出○諸島も准之可論

諸物代立公用之売買物代付令増減科律、弁贓物代立増「減」を以罪科軽重させる科律

一諸物代付之儀、品位之善悪又ハ当日之相場代等之高下、町人其外代付請書人公平之代立を以首尾方可有之、○若上位之物を下位ニ召貶し、且下位之物を上位ニ召揚、代付高下於有之ハ増減之員数取立、是本虚贓なる故贓坐律を以論可治罪、○若又増減したる「代分」致利得者ハ、則詐欺之贓物なる故、脇方盗律准じて議罪し、一世流ニ至らバ一等減すべし

一贓罪ニ可処犯人之為贓物代立、不実して令増減罪科軽重召行ハせ候者ハ、わざ〳〵人罪出入律を以可論、若本犯人したる贓罪未決行ハざる内ハ、代付人罪科可減下若賄を受縦令ハ盗人之賄を受、贓物代付下直ニ相立、且盗ニ逢たる贓主之賄を受高直ニ相立代付令増減類之者ハ、法を曲る律弁罪科出入律引くらべ重を以可論

押買押売押買押売等之働ニ而売買を妨る科律

一売買之諸物売手買手之者和談無之強勢を以引まとひ、主江ハ加毛ハせず自儘を働、代金高下にして押買押売之利得を貪る者未利得無之内ハ寺入四十日、若情罪軽重ニ而本律を以相応不致者ハ、情罪ニ応じ増減するとも僉議次第、後条同断

一振売弁小商人共旅人売買之請人、其外手広く売買之「大」商人等江致内通、相共ニ何ぞ之奸計を設、自物払方ニハ下直之物高直ニ売、且自分買取方ニハ高直之物を下直ニ買取者ハ、押買押売とハ情犯不同なれども、是又売買之故障なる故、未利得無之者ハ各寺入四十日

一若他人売買之中ニ入、混之自物之直成等引くらべ直段高下差引、売手買手を惑乱せしめ利得を貪者ハ、押買押売之所行ニあらざれども、是又悪き情犯故未利得無之者ハ寺入廿日

一前文之所犯を以利得を取候者ハ、脇方盗贓罪より一等減べし、情罪ニ而本文之減罪ニ而も重ク相見得候者ハ、猶又減罪するとも其時之僉議次第

条々

一売物幷諸物を買しめ売之儀、世上之故障なる故、制を違律を以可論

一旅人用物細工物染物等頼承限相違、或払物賖、取代分首尾方延引、旅人をだまし帰郷之障ニ召成者ハ預物律条々見合可論

斗舛斤量定規私作判舛縁打替、幷斤量定規等増減を以相用、又ハ無判升相用候科律公私込る

一斗舛斤量定規等定法ニ違大小軽重長短ニして私ニ作り相用得、又ハ公所之焼印有之斗舛縁打替幷内削増減を以相用候凡人ハ寺入五十日、細工人同罪、細工人同罪ニ而重ク相見得候ハ、、僉議次第減罪可申付、後条同断

一焼印無之斗舛幷和漢之制作ニ而無之斤量ハ、縦令舛目斤量増減無之候共私作ニかゝり候故寺入三十日、細工人同罪

一斗舛定規大小長短仕立、或量軽重法様之通不仕細工人寺入四十日、○存之役人ハ細工人より三等減寺入十日、○奉行人幷しらべ方仕候役人ハ存之役人より一等減寺入五日、若法違有之候を乍存差通候ハ、、各細工人同罪可申付

一役々幷大工寸法違等ニ而作調させ候節ハ、越度有之方江寺入四十日申付、細工人ハ可為有免、後条准之可論

一諸役人斗舛斤量定規等増減之手段仕合、取納方ニハ相増候等用、渡方ニハ相減候等用御物取払印等無之役々、手代下代迄寺入九十日、○多少取払之余計取立賍坐律引くらべ本罪寺入九十日より重ク有之候ハ、、賍坐律を以論○増減之手段仕合候細工人ハ寺入五十日

附、役人依申付手代下代相犯、且手代下代役人組合相犯候節罪科差分ハ御物法外納取律見合可論

条々

一本文利欲之執行有之段乍存不申出奉行役人ハ、不応軽律を以論、尤気届兼見失候節ハ、猶又各減罪可申付

一上文斗舛等法違ニ作調候失墜料弁償方ハ、調物法違律条見合僉議可有之

一前文多少取払之余計ハ、御物法外ニ取納律見合首尾方可有之

琉球科律　巻之七　廐牧　賊盗上

廐牧

牛馬を殺

一牛馬人を咬踢

賊盗上

一御内原御物盗

一御墓所樹木盗

一役人盗

一御物盗

一強盗

牛馬を殺牛馬殺候儀禁止、幷牛馬畜類作毛喰損又ハ人を可害与相掛候を殺傷付、且手薬用幷足抔折候節、其訳申出殺用候儀赦免込る

牛馬之儀、農業人力之助ニ相成大切成畜類ニ而、軽々敷殺候儀可為禁止

一牛馬落候節ハ、町方ハ与中、在郷ハ掟さばくり見届之上埋さすべし、皮ハ剝取売上候共、其儘埋候共、主心次第○且老牛ニ成又ハ足抔折、農業之助ニ不罷成節ハ、是又与中掟さばくり見届殺喰候儀可令免許、皮ハ剝取可売上○且馬之儀ハ何分老馬ニ成候共殺候儀可為禁止

一七十余歳之老人又ハ七十才ニ不及者ニ而茂為養治病人手薬用之儀ハ格別ニ候故、其段申出候ハヽ殺候儀可令免許、皮ハ剥取御物へ売上皮共入用之方ハ可差免

但、殺候当日平等所江申出、与中見届可為殺、其外諸首尾方月次公事帳ニ見得候

一右之法義相背、自分之牛馬殺候者ハ寺入五十日、法義を犯殺候故、角皮ハ公所江可取揚

附、一家之尊卑組合之節ハ、首従差分律条見合家長一人罪科申付、子弟下人下女等ハ沙汰ニ不及

一与中弁所之掟本文法外有之段気を不附者ハ寺入十日、余条可准之、何歟ニ付気難相附訳有之候ハヽ沙汰ニ不及

一何ぞ之儀ニ付畜類主へ何ぞ之心有りてわざ〳〵其人之牛馬殺候ハヽ、生日時之代分差引直下り代弁償申付寺入百日、従者一等減、腰書同断

一牛馬代分脇方盗贓罪引くらべ、本罪与梨重有之候ハヽ、脇方盗ニ准じ一等減可議罪

一わざ〳〵牛馬疵付当用不相達、○且ぶた、羊等之畜類わざ〳〵殺傷候ハヽ、直下り代取立脇方盗ニ准じ一等減し、直下り代弁償可申付

一牛馬傷付候共当用相達、且ぶた、羊等殺傷候共、売払直下り無之候ハヽ、弁償不及寺入廿日、殺傷候節寺入廿日にて重相見へ候ハヽ、僉議次第減罪可申付

一誤而牛馬畜類殺傷候ハヽ、直下り代弁償申付不及沙汰

一御物牛馬畜類殺傷候ハヽ、前文ヶ条見合情罪に応じ議罪すべし

一右同わざ〳〵有服親類之牛馬殺候ハヽ、生日時之代分差引直下り代弁償申付上文自分之牛馬殺候罪科同断

但、無服之親類ハ凡人同断可論

一わざ〳〵ぶた、羊等之畜類殺者ハ、相場代差引直下り代取立贓坐律を以論寺入四十日迄召止、直下り代弁償可申付

一牛馬ぶた羊等誤而殺、又ハわざ〳〵疵付候ハヽ、直下り代弁償申付不及沙汰

一作毛喰損蹈あらし候を殺傷候ハヽ、本文幷腰書牛馬ぶた羊等之畜類殺候罪科より三等減可議罪

附、わざ〳〵放、又守護致大形、作毛損失させ候畜主ハ、後文公私之作毛損失させ候ヶ条見合減罪可有之

一公所之畜類公所幷脇方之作毛等喰損又ハ蹈あらし且脇方之畜類公所幷脇方之作毛等喰損蹈あらし候を作毛主より殺傷付候ハヽ、上文畜類主へ何ぞ心有て殺疵付候与は訳相替候故公私を不分前条他人之畜類殺傷付候罪科より各三等減、直下代殺傷付候人江弁償申付、公私幷畜類主へ可為相渡、本文三等減候而も重く相見へ候者ハ、猶又減罪可有之

附、公所之畜類飼立人幷脇方之畜類主へも不届ニ附、左条之通可議処、従者一等減

一わざ〳〵放し損失させ候ハヽ、畜主寺入廿日、損失物公所之畜類ハ飼立人、脇方之畜類ハ主へ弁償申付、公所幷作毛主江可為相返

但、損失物代分贓坐律引くらべ、本罪寺入廿日より重く有之候ハヽ、贓坐律を以論ずべし

一わざ〳〵放し候情意無之、守護致大形迯走損失させ候者ハ、右罪科寺入廿日より二等減寺入五日、前条同断公私共弁償可申付

但、損失物代分贓坐律引くらべ、本罪より重く有之候ハヽ、贓坐律を以論是又右贓罪より二等減べし

一公私之畜類人を可害与相掛、危難を可避与不取敢即時ニ殺傷付候ハヽ、罪科幷弁償不申付、殺傷付候畜類ハ主へ可為請取

一牛馬犬人を触或踢或咬候曲有之候を、其用心無之人を殺傷させ候者ハ、無心之過ニ候故親属凡人を不分過失殺傷律を以論贖分申付殺傷候人江給之、且故放人を殺傷させ候者ハ、無心之過与ハ格別故、凡人ニ而候ハヽ、喧嘩打擲律幷喧嘩殺害律を以論一等減、篤疾ニ到らせ候ハヽ、養料を茂申付、若親属ニかゝり候ハヽ、尊卑殺傷諸条見合論是又一等可減、殺害之罪科一等減重く相見得候者ハ、猶又減罪申付候共僉議次第

牛馬人を咬踢人を喰候犬其用心無之、又ハ狂敷有之候を不殺捨科定込る

但、何ぞ之曲有之畜類を故放し候ハヽ、人を可害儀乍案中、何歟ニ付故放し人を殺傷させ候ハヽ、則畜主下知を以為殺傷候様相見候、然共自手殺傷とハ不同故、罪科相減し候、曲無之畜類を故放し人を殺傷させ候も、准之僉議可有之

一雇を受畜類療治之時 其用心不相届 被殺傷候歟、或ハ無故自分ニ而牛馬へ突掛り被殺傷候者ハ、各自分之過ニ而 畜類主江ハかゝりなきゆへ沙汰ニ不及

条々

一犬狂乱有之候ハヽ、早々可殺捨、若し無其儀人を殺傷させ候ハヽ、犬主罪科上文同断、若取放し他人之畜産殺傷させ候ハヽ、犬主情罪ニ応じ 不応軽律を以令議罪候上 直下り代弁償可申付、狂乱不致犬も同断可論

条々

一牛馬を馳人を殺傷させ候者罪科ハ、馬を馳人を殺傷律見合可論

御内原御物盗 平日御用之御物幷御印御衣服御馬盗取、且御内原御門鎖同詰之役々私物又ハ御城内諸役所御物盗取科律

一御内原御物盗取る者ハ、盗物分取不分取も無構 存之役々凡人差分、役人盗律御物盗律を以論 各一等加へ可議罪

一御用上等之諸色品未可納上内、凡人盗取候ハヽ、御物盗を以論 存之役人盗取候ハヽ、役人盗を以可論

一御印幷御宝物又ハ御衣服其外 大切成 御拝領物等盗取る者ハ、賍物之多少不論、存之役人凡人各入墨法条見合刺之 「一世流以上僉議次第従者一等可減」

附、品により一世流以上ニ而重く有之者ハ、僉議次第減罪可申付

条々

一御内原御門鎖幷同子盗取者ハ、上文 御内原御物盗取律を以論 減罪可有之

一御内原詰之役々私物盗取る者ハ、脇方盗律幷宮殿門擅入律引くらべ重を以可論

一御内原御飼立之御馬幷畜類盗取候ハヽ、牛馬畜類盗律を以可論

一御内原御物盗取る者ハ、上文ヶ条之通、其外御城中諸役所御物盗取候儀茂、御城外役所人とハ格別情罪重く御物盗律を以相応不致者ハ、僉議次第配所一等遠き所江可配

御墓所樹木盗御風水所幷脇々墓所樹木伐盗候科律込る

此条御墓所ハ重禁之地、尤樹木ハ抱護ニ係候故土石ニ到り致聊爾者ハ、左条を以可議罪

一御墓所禁限之内より竹木伐盗者ハ、多少無差引御番役凡人を不分各流三年、○若贓罪より流三年重者ハ、役人盗御物盗律を以論其咎可申付、従者各一等可減、後条同断○贓物ハ贓物支配律見合首尾方可有之

附、本木ハ切口本数等慥ニしらべ方可有之

一樹木之枝も抱護ニかゝり、倒木枯枝も又禁地之内之物、且土石も掘取候ハヽ、御墓所之傷ニ相成候故、是又盗取候者ハ本文同断可論、若幼少歟、無案内者歟ならバ、当人ハ罪科宥免申付、抱主人ハ後条之通不下知之罪科可申付

附、情罪軽く本律之通ニて重相見得候者ハ、減罪するとも僉議次第

一御墓所蹈入致聊爾候儀、専主人抱主不下知ゆへ寺入三十日、○且御番人も御物凡人へ逢盗律見合情罪ニ応じ可議罪

一脇々墓地之境内より前文之通竹木倒木幷枯枝土石又ハ碑文等之餝など盗取者ハ、多少不論科鞭三十五、○若贓罪科鞭三十五より重有之候ハヽ、脇方盗贓罪ニ一等可加之、従者一等可減

但、本文加罪盗物代分三百貫文ニ到り候ハヽ、脇方盗贓罪科鞭四十二一等加へ科鞭四十五、余ハ此例を以推し可加之

一主人抱主へ不下知故寺入廿日

一盗取不盗取差分ヶ律内木石重器之類ハ輙難持去故、本所より囲外抔江盗移し候共、未他所江不持去内ハ不得盗取律を以可論律法也、此条脇方之墓地之等ハ他所江持去候ハヽ、弥右律法之通り盗取たるを以論じ、未不持去内ハ器物作毛破壊律内樹木抔伐破律を以可論

一御墓地ハ脇々之墓地とハ格別成故縦令不持去といへども豈伐破る律を以論哉、況御墓地之樹木伐破りたる本条無之故、情罪ニ応じ可議罪、本律ニ准じ減罪する歟、器物作毛破壊律を以論加罪候歟、其時之僉議次第

条々

一前文ヶ条役人盗御物盗又ハ人家より致盗者とハ情合不同故、皆共入墨有免

一右ヶ条盗物者乍存買取者ハ、各盗罪より一等減可治罪、○其訳不存買取者ハ沙汰ニ不及

一他之墓之錺文之類打破候者ハ、器物作毛破壊律見合其咎可申付

一嶽々幷御風水所蹈入致聊爾者も、前条脇方之墓地より致聊爾候本律を以可論

附、そのひやふ御嶽、弁之御嶽抔ハ祈願所ニ而格別成故、加罪するとも僉議次第

役人盗諸役人存之御物盗取律条

一諸奉行諸役人手代下代ニ到り、御物守護方可念、若貪欲を構、存之御物盗取る輩ハ、盗物分取不分取も無構皆共惣高之贓罪、張本人ハ流四年以上、従者一等減流三年以上、各後条科定之通可召行、入墨律見合士ハ入墨有免、百姓ハ首従共可刺之

附、手代下代役人同等ニ而相応不致儀も有之候ハヽ、減罪する共僉議次第

一盗取不得節ハ、盗取不得盗取差分律条を以論張本人流三年、従者一等減流二年、首従共入墨有免

一盗取露顕候ハ、、早速家財相改親類与中江預置候、諸首尾方ハ贓物支配律見合可論、御物盗脇方盗本文同断

一足役幷ニ道工普請等ニ付、一時之職務ニ而も御物首尾方受込之筋ハ定式之本役人同前故、本文同断、加勢筆者ニ而も御物首尾方受込之筋有之者同断

科定

一贓銭百貫文以下百貫文以上五百貫文ニ至らず内罪科同断　流四年

一同五百貫文五百貫文以上千貫文ニ至らず内罪科同断、後条差引方可准之　同六年

一同千貫文　同八年

一同千五百貫文　同十年

一同七千貫文以上　一世流

条々

一相役人之外他坐之役幷外人組合御物盗取る当役人ハ、役人盗を以論外人御物盗を以可論

一役人盗同居之父兄等下知大形之廉有之者ハ、脇方盗律条々見合可論、盗物分取る者も同断

一脇方盗之相談ニ而現ニハ役人盗を犯、其節首従之内同盗不致、又ハ盗物分取不分取者、罪科差分ハ同謀盗律条見合可論

一盗物高多、弐万貫文以上ニ及、情罪も悪敷、定法之通一世流ニ而難差通者ハ、死罪ニ而も僉議次第

御物盗諸役所御物凡人幷他座之役人盗取る科律、幷父兄等罪科込る

一諸役所御物盗取者ハ、盗物分取不分取も無構後条科定之通贓物多少を以流三年以上、従者一等減流二年以上、各後条科定之通申付べし、

入墨律見合、士ハ有免、○盗物不分取も同罪之律法なれども、若同罪ニ而重く相見へ候者ハ、
百姓ハ主従共可刺之　盗賊宿主律、同謀盗律等見合、少し軽目之方に決断する共僉議次第

一盗取不得節ハ、盗得盗取不得差分律条を以論　流二年、従者一等減、所払三百日、首従共入墨宥免

科定

一盗銭百貫文以下百貫文以上五百貫文ニ至らず内、罪科同断　流三年

一同五百貫文五百貫文以上千貫文ニ至らず内同罪科同断、後条差引方准之　流四年

一同千貫文　同六年

一同千五百貫文　同八年

一同弐千貫文　同十年

一同八千貫文以上　一世流

附、情罪により一世流ニ而重く相見得候者ハ、長き遠流ニ而も僉議次第

条々

一御物脇方ニ召置候を、御物与乍存盗取る凡人ハ、御物盗律を以論　御物与不存盗取る者ハ、脇方盗律を以可論、畜類同断

一御物盗取同居之父兄等、下知大形之廉有之者ハ、脇方盗条ニ見合可論、盗物分取候罪科も同断

一盗物高多、三万貫文上ニ及、情罪も悪敷、定法之通一世流ニ而難差通者ハ、死罪ニ而も僉議次第

強盗　強盗を以財物奪取又ハ不得奪取、或ハ薬を以人を迷し財物引取、或脇方盗臨時ニ捕を防、或盗ニ依而姦を犯し或盗人逃走候を家主追掛候時捕を防ぐ科律

此条強盗之情犯ハ大概多人数組合刀鎗等之兇器を持、人家道路を不分自儘強暴を働、或人を殺し、或薬を以人を迷し財物奪取之類之情

犯也、〇且人数三五人組合人遠く隠密成所ニ而、木刀等を以人を擲、財物奪取情犯ハ、搶奪ニ類すといへども、是又実ハ強盗也、〇且脇方盗ニ而も臨時ニ捕を防、兇暴を働者も又強盗也、〇且最初潜ニ人家忍入、後ニハ炬火をも明にして兵器等取持者ハ、暗ニ進て明ニ出則臨時ニ強を行ふ情犯なる故、随分相慎明白ニ遂穿鑿、誤り擬る間敷候、盗賊宿主律、同謀盗律、又ハ親属盗律之条々、謀殺律之条ニも強盗之ヶ条有之候間見合可論

附、搶奪ハ人数少く兇器を不持大概財物を奪取んと心掛、人を傷すの心なく日中人目も不憚、或途中或ハ市場抔ニ而、他之財物を強而奪取類之情犯也、且先達而財物奪取後ニ打候も、搶奪ニ依て可論、搶奪ハ本其人を傷之心あるニあらず、只昼夜其時ニ当て、風与所為也、若心有て人を傷、財を取る者ハ則強盗也

一右通強盗搶奪之情犯ハ大概似寄、尤人数之多少兇器持不持差別有之候得共、一定人数之多少を以てハ難論、縦令少人数ニ而も兇器を持候ハ強盗、多人数ニ而も兇器不持ハ搶奪を以て可論

一強盗之強（暴カ）謀を役定め、兇器等取持強盗致、財物不得取、家主も損傷せずといへども、已ニ強暴を犯したる故流八年、財物盗得候節ハ多少不論流十年、従者各一等可減其張本人同盗不致、盗物も不分取候共流八年、組合盗同盗不致、又盗物不分取者ハ科鞭四十五、若情「罪」軽重相応不致者も有之候ハヽ、罪科増減律見合加減可有之〇傷を付候罪科ハ、条々見合可論

附、組合盗「同盗」不致候共、同盗者共盗来たる盗物分取候者ハ所払ニ而も僉議次第

一強盗之者人を殺し、或ハ放火を以人家焼失、或ハ人之妻女を姦汚し、或牢屋御蔵所打却者ハ、別て悪敷情犯故右四事之内一事も犯候ハヽ、財物盗取らざるニ而も無構皆共斬罪

一賍物一万貫文以上に到らバ、縦令人を不傷も一世流以上ニ而も僉議次第

一薬を以人を迷ハせ、知覚させず財物引取者も、強盗ニ不異故前文ヶ条同断可論

一脇方盗人家忍入、財物盗取候折、家主知覚して起立候共、其恐無之不逃出臨時ニ捕を防、幷人を殺傷者ハ、脇方盗たりといへども、実ハ強盗之情犯なる故、財物得不得も不論僉議次第斬罪、捕を防候共不傷付、或ハ傷を付たれども死に到らず節ハ、夫々之所犯ニ応じ一世流以下ニ而も僉議次第

一本文臨時ニ捕を防たるを重く可議論、若盗所を離、逃出候を追詰められ可遁様無之風与防たるハ、臨時之情犯ニあらず、○且臨時ニ強を行ふと、臨時ニ捕を防とは、財物盗取先後を以其分ケ可有之、縦令バ家主を縛付打擲之後、贓物取去類ハ、盗人「一人」ハ家主を取留、余ハ家中ニ入、贓物捜取候も同断皆臨時ニ強を行ふ也、○且財物盗出し候を、家主驚起追付候ニ付、則立向闘争するハ臨時ニ捕を防情犯也、是等之差分ケ尤宜しく詳ニ裁断慎むべし

一盗ニ依て人之妻女を姦する者ハ、本是脇方盗なれ共、其跡強姦同前なる故姦事遂不遂も不論、本文臨時ニ捕を防、人を殺し傷情犯ニ不異故僉議次第斬罪、訳より斬罪ニて重相見へ候情犯「ニ」者一世流以下ニ而も僉議次第○下女姦するも本文ニ准ずべし

一組合盗防戦之加勢不致、或先達而盗物持逃げ、或外向ニ在て家屋ニ不入捕を防人を殺傷犯姦等之情犯ならざる者ハ堅遂穿鑿、脇方盗律法ニ依て首従差分ケ、財物盗取不得盗取差分け律を以可議罪

一盗物取かくし致防戦者ハ、盗所又ハ中途成共、本文同断可論、罪人捕を防律、幷後条被追詰捕を防法を以ハ不論

一盗物を不棄して逃走候を、家主追掛可捕付と打付絶命させ候者ハ、盗所中途を不分不及沙汰

一右同家主知覚するに依而、盗物打棄逃走候を追詰られたるにより捕を防者ハ、本より強暴之心なく、其恐有て逃走候を被追詰、進退行迫身を可遁と之計得迄之情犯ニ而前条家主を不恐盗物取護捕を防たる情犯とハ不同故、罪人捕を防律を以論脇「方盗財物不得盗故、本罪之上ニ二等を加へ」科鞭三十、○折傷以上之傷を付候ハヽ、一世流、情罪軽き者、又ハ廃疾之傷ニハ長き遠流、且廃疾ニ不及内ハ流十年「八年」ニ而も僉議次第絶命させ候ハ斬罪、従者各一等可減之

一財主之外別人より捕へんとしたる人を盗人より殺し傷候ハヽ、財主又ハ罪人可捕役目之者ニあらざれども、喧嘩打擲律を以ハ不論本文同断

可論

一盗物打捨捕を不防逃走候を追掛、可捕付と打付絶命させ候ハ、、夜無故人家ニ入律内捕付候後、自儘打擲絶命させ候法を以可論、

罪人捕を防律内捕を不防罪人擅殺法を引ては甚重く有之故、彼条を以ハ論間敷候

一強盗脇方盗先非を悔佗言申出る者ハ、犯罪自訟律内罪科免減有無之法義見合可論

条々

一強盗之者共へ強而引卒せられ、強勢ニ恐れいやながら随行、只外向ニ在て伺侍、盗物手伝ニ取出したる迄ニ而、家中へ入財物不捜「取」故、本より兇悪之心無之情罪可宥免者ハ、上文本律組合盗本罪科鞭四十五より猶又減罪する共僉議次第

一強盗之段乍存不申出歟、或強暴ニ廻て致同盗臨時ニ逃避、後ニ盗物分与ひ、口を塞がれたる者ハ、盗賊宿主律内強盗脇方之盗物と知ながら分取法を以僉議可有之

一強盗同居之父兄等下知大形之廉有之者ハ脇方盗律見合可論、盗物と乍存分取者も同断

琉球科律　巻之八　賊盗中

賊盗中

一脇方盗
一牛馬畜類盗
一野原作毛盗
一親属盗
一人を威財物を取
一公私之財物掠取

脇方盗人目を忍、脇方之財物盗取候を脇方と云、且衣類提物等密ニ切盗候ハ掏摸と云、罪科脇方盗同断

一脇方之財物盗取輩ハ、盗物分取不分取も無構、惣高之賍罪後条科定之通賍物多少を以科鞭二十五以上一世流迄、従者一等減べし、首従共入墨有免○

盗物不分取も同罪之罪法なれども、若同罪ニ而重く相見へ候者ハ盗賊宿主律同謀盗律など見合、少し軽目之方ニ決断するとも僉議次第

一不得盗取節ハ、盗取不得盗取差分律条を以論科鞭二十、従者一等減科鞭十五

一脇方盗掏摸ハ同類之情犯なる故、一時ニ露顕之節ハ、二罪共ニ露顕律法之通各盗物取合、尤数家并数人より盗取置候ハヽ、数家数人より之盗物も取合、惣高之賍罪申付べし

一盗人捕付委細之書付取添差出候ハヽ、罪人「牢」込律条見合　牢舎可申付、若書「付」持参無之候ハヽ、盗物品立員数月日又ハ逢盗候人名居(家カ)分等委く致帳留、捕出候人ハ無滞可差帰

科定

一盗分拾貫文以下　拾貫文以上百貫文ニ至らず内罪科同断　科鞭二十五　科牢〆十五日　枷号五日

一同百貫文　百貫文以上弐百貫文ニ至らず内罪科同断、後条差引方可准之　同　三十　科牢〆十八日　枷号六日

一同弐百貫文　同　三十五　科牢〆廿一日　枷号七日

一同三百貫文　同　四十　科牢〆廿四日　枷号八日

一同四百貫文　同　四十五　科牢〆廿七日　枷号九日

一同五百貫文　所払百日

一同六百貫文　同二百日

一同七百貫文　同三百日

一同八百貫文　同四百日　流刑〆二年

一同九百貫文　同五百日　同三年

一同千貫文　流四年

一同弐千貫文　同六年

一同三千貫文　同八年

一同四千貫文　同十年

一盗分壱万貫文以上　　一世流

一贓高を以科「定」相立置候得共、若情罪軽重ニ依て本罪之通ニ而難差通者ハ、無本条犯罪律并夫々之情犯ニ応じ可類諸条見合罪科一二等増減するとも、配所一等遠近を以配し候共、其「時之」僉議次第、加罪申付候共、罪科増減律法之通一世流死罪ニハ不加入○後文律条同断

附、贓罪所払四百日五百日ニ相当り候者、若情犯重く所払ニ而難差通者ハ、流二年三年ニ引替候共、是又僉議次第

一右同人数三人以上組合歟、或木刀刃物抔を持たる歟、其外盗之巧尋常ニ替り、贓罪ニ而難差通情罪重き者も右同断、無本条犯罪律并可類諸条見合情罪ニ応じ配所一等遠き所へ配し候共、本罪之上ニ一等加候共、僉議次第

一盗人逃走候を可捕付与財主周章様追懸候とて、或趺倒、或財主失窮迫ニ因て致自滅候節ハ、盗人縦令捕を防之事情無之、又ハ贓高少候とも、盗人之為財主為及自滅候故所払五百日申付候共僉議次第、流刑以上ハ定法之贓罪を以可論

再盗

一先非懲不申、又以致盗者ハ再盗之贓罪、科鞭四十五以下ハ本罪一倍之差引を以情罪次第枷号科牢取交相加へ、所払百日以上一等づゝ加へ五百日迄ニ召止、四年以上ハ加罪無之、従者各一等減すべし、首従共入墨有免

一組合盗人之「内」初盗之者有之候ハヽ、弥初盗之罪科可申付、三盗准之可論

一初盗之罪科相済候盗物ハ、二罪共ニ露顕律条を以論再盗之贓高ニ不取合、三盗同断

一不得盗取犯罪ハ再盗之度数ニ不取合、三盗同断

三盗

一初盗再「盗」之罪科ニも懲不申及三度致盗者ハ、三盗之盗物高を以左条之通流四年以上一世流迄、従者一等減入墨律見合、士ハ宥免、百姓ハ首従共可

剰
之

一条例不及十両杖一百流三千里
　盗分百貫文以下　百貫文以上五百貫文に至らず内罪科同断　流四年
一三十両以下至二十両以上辺遠充軍
　同　五百貫文　五百貫文以上千貫文に至らず内罪科同断、後条可准之　同六年
一五十両以上至三十両墨顔江当差
　同　千貫文　同八年
一五十両以上絞
　同　弐千貫文　同十年
一同四千貫文以上　一世流

一情犯軽く盗物も百貫文以下ニ而、科定之通流刑申付候而重く相見候者ハ、情犯に応じ再盗加倍之上ニ一等加ヘ候共、所払申付候共、其時之僉議次第

条々

一御仮屋方ゟ致盗者ハ、左条之通可議罪
一士ハ盗物八貫文以下ハ多少差引無流二年、盗物九貫文以上ハ贓高を以流三年以上科定之通可申付
一百姓ハ盗物五百貫文以下ハ多少差引所払百日、二百日以上ハ一等づゝ加へ、流四年以上ハ加罪不申付贓高を以科定之通可申付
一子孫弟等致盗候を下知大形之廉有之候ハヽ、僉議次第下知を可加、当人一人本犯人年季流以下ニハ寺入十日、一世流ニハ廿日可申付
一同居之父伯叔父兄弟盗物と乍存分取候ものハ、本犯人贓罪ゟ二等減、其訳不存盗物分取候ハヽ、本犯人贓罪ゟ三等可減、本文之減罪重く相見得候者ハ猶又減罪する共僉議次第
一子孫弟等之外一家抱置候者、幷下人女等之為ニハ、札表抱置無構当抱置一人僉議次第一等可減

一在旅幷遠所相離、或其訳披露申出候歟、或は逃走候を廻文之訟申出置候者ハ不及沙汰

一前条本律数ヶ所之贓数取合候律法なれども、一主之贓高重く、流刑以上之罪ニ入候節、数家之贓取合候てハ相応不致儀も可有之候間、一主之重を以議罪する共、其期ニ至り僉議可有之

一兇年ニハ饑寒ニ迫り法を犯す者多し、其情犯無為方所より出、平日之所犯とハ不同 誠ニ可哀憐情犯なる故可寛減

一飢民旦夕之露命を延んと希、或祖親幼子共養育達兼他之食物等盗取る者も本文同断、作毛幷何ぞ之物少々盗取者も同断

一饑饉之変を伺、何歟之便ニ乗じ致盗者ハ奸悪甚しき故、「其」咎厳重ニして盗人無之様取計可有之

牛馬畜類盗公私之畜類盗取幷盗殺候科律、両先嶋込る

一脇方之牛馬ぶた羊犬庭鳥之類盗取者ハ、脇方盗を以可論、入墨法条之通可刺、後条同断

附、盗殺候者も本文同断、盗殺候者本文之通ニ而相応不致候ハヽ、一等相加候共僉議次第〇後条可准之

一御召御用之御馬盗取る者ハ、御内原御物盗律内御服之類盗取候法を以可論、御厩御飼立之御馬盗来る茂准之可論

一御召御用外之御馬幷脇方御預等之御馬存之役人預り人盗取候ハヽ、役人盗、外人盗取候ハヽ、御物盗律を以可論、若訳により情罪相応不致者ハ減罪するとも僉議次第、後条同断

一牧飼立之牛馬畜類込る存之役人盗取候ハヽ、役人盗、外人盗取候ハヽ、御物盗律を以可論

一御物畜類逃走候を其段乍存取留売払等仕候者ハ御物盗を以可論

一上文ヶ条御物畜類之段不存盗取凡人ハ、脇方盗を以可論、余条准之可論

一盗畜類と察入奪取者ハ、盗賊宿主律内盗物と察入分取る律を以可論

条々

一牛馬盗殺候者、同居之父兄下知大形之廉有之者ハ脇方盗律条見合可論

一借宿売支配させ候宿主ハ、盗賊宿主律見合可論

一盗人之外公私之牛馬畜類殺す者ハ、牛馬を殺す律を以可論

一両先嶋之儀、牛馬盗殺す者多、風俗あしく有之、乾隆廿八未年依訟御当地離嶋江流刑被仰付候、然処盗高之差引無之、御当地離嶋江流刑申付候てハ相当不致候間、各離島江流配させ、情罪重き者ハ跡々例之通可召行、風俗引改候節ハ御当地定法之通可処罪

一両先嶋滞在之他嶋人盗取候も、右ニ准僉議可有之

一流人盗殺候節ハ、罪科内又罪を犯律見合重を以可論

野原作毛盗山野仕立之竹木かや之類、并堀抔飼立之魚類盗取る科律込る

一田畠之作毛稲麦野菜之類込る又ハ番人無之器物等盗取候者ハ、脇方盗ニ准可議罪、入墨宥免一世流ニ至らバ一等減ず

附、本文脇方盗ニ准相応不致儀茂有之候ハヽ、加罪するとも僉議次第、後条同断

一野原抔江草木土石之類、造作を以取調置候を盗取る者右同断

一山野仕立之竹木かや之類、又ハ堀抔へ飼置候魚類盗取者本文同断、仕立飼主之外薪物用柴草之類、并田川原抔之魚類取候者不及沙汰

条々

一盗人財主江立向候ハヽ、罪人捕防律見合を可論、財主ゟ盗人を殺疵付、并盗人ゟ財主を殺疵付候類も同断

一野菜木之実類自儘取食者ハ、盗之心入とハ相替候故（瓜菓擅ニ喰律を以）可論

一公私墓所幷嶽々又ハ御風水所ゟ、樹木土石等盗取る者ハ（御墓所樹木盗律見合）可論

親属盗（本家外戚有服親属之財物、幷下人下女等檀那之財物盗取、且同居之卑幼居家之財物費用科律込る）

一逢盗候親属披露申出候ハヽ、此条を以致議罪、（親属非分訴訟律、幷犯罪自訟律を以）罪科減免有之間敷候

一別居之（本家外戚）尊長より卑幼之財物盗取、且別居之卑幼より尊長之財物盗取候ハヽ、尊卑無構間柄を以論、○二十五日可忌間柄ハ（脇方盗「科」定より）五等減、○廿日ハ四等、○十日ハ三等、○五日ハ二等、○無服之親ハ一等減、（各入墨宥免）尤首従之内間柄区々有之候ハヽ、各間柄を以論、従者猶又一等減すべし

一盗取不得者ハ、（脇方盗律内）盗取不得律条見合（此条減法之上より猶又一等）可減

一別居之親属他人組合致盗候ハヽ、親属ハ其間柄を以致減罪、他人ハ（脇方盗律を以）可論、（従者各本罪之上ゟ一等可減）

一別居之尊長より卑幼之財物致強盗候ハヽ、（強盗財を得本罪見合）各別文本文減法之通、間柄ニ応じ減罪可有之

但、卑幼より尊長之財物致強盗候ハヽ、（強盗律を以論）減罪之限ニあらず

一別居之親属脇方盗幷強盗を犯し候節、間柄之者殺傷候ハヽ、（有服之親属を殺各律条見合）各盗罪引くらべ重を以可論

一同居之卑幼居家之財物盗取候ハヽ、（自儘費用も同断）百貫文ニ科鞭二ツ、百貫文毎ニ一等加へ、科鞭四十五迄ニ可召止

一同居之卑幼別居之親属組合居家之財物盗取候ハヽ、卑幼ハ本文之通、別居之親属ハ各間柄を以致減罪、従者各一等可減

但、他人組合致盗候節、卑幼ハ本文之罪科ニ二等加へ、科鞭四十五迄、他人ハ（脇方盗科定ゟ）一等減、（入墨宥免）従者各一等

可減

一右同他人組合居家之財物致強盗候ハヽ、皆共強盗律を以可論

一同居之卑幼他人組合強盗幷脇方盗を犯候節、間柄之者殺傷候ハヽ、有服之親属殺傷律条見合可論、若組合之他人右殺傷候情意不存候共、兇悪を助候筋ニ而候故、強盗盗取且盗取不得律を以可論、若又他人ゟ殺傷候ハヽ、強盗律内脇方盗臨時ニ人を殺傷律を以論其節卑幼不得存候共、前条腰書間柄之者殺傷律、幷前条卑幼別居之親組合致盗「科」律引くらべ重を以論ずべし

一他人不存候共強盗之罪申付候儀、他人組合無之候ハヽ、卑幼殺傷之取行ニ及間敷候処、倫理ニ逆、兇悪之執行ニ相懸、終ニ重罪ニ陥らせ、畢竟助悪之筋ニ相見得、且卑幼不存候共、殺傷之罪科申付候者、他人誘引致盗候所ゟ、終ニ親属殺傷させ候故、是又厳科申付候、乍然卑幼他人右之情罪ニ難召入訳有之者ハ、僉議次第減罪可申付

一同居之下人下女家来共、檀那幷仲間中之財物盗取候ハヽ、凡人より一等減し、入墨も宥免、従者又一等可減之、凡人より一等減相応不致者ハ凡人同断可論

一主人之財物致強盗候ハヽ、他人組合ニ而も皆共凡人同断強盗律を以可論

但、主人殺傷候ハヽ、奴婢殴家長律幷強盗律引くらべ重を以可論

条々

一老幼片輪「者」婦女ハ、贖分法条幷老幼廃疾犯罪律又ハ婦女犯罪律見合可論

一脇方盗幷親属盗一時ニ露顕之節ハ、二罪共ニ露顕之法条を以可論

人を威財物を取他人幷親属又ハ嗳之者を威驚せ財物を取る科律

一貪欲を構、何卒之端を仮り、威勢を以人を荒々敷威付、其人驚恐ニ及せ財物を取候者ハ、財物之多少不分贓物「惣」高取合、脇方盗ニ一等加一世流迄、従者一等可減、首従共入墨宥免

但、外向ハ強暴之勢を構、内心ハ盗之宿意を懐き、其情意盗ゟ重き故脇方盗ニ准一等加へ、然共誠之盗ニて無之故、入墨宥免、死罪ニハ不加入

一可威取働ニて取得不申者ハ、脇方盗財を不得罪ニ一等加、科鞭二十五

一親属中同居別居ニ不限、服忌廿五日以下無服親属之財物威取候ハヽ、罪科左之通、従者一等減

一被威取候親属ゟ披露申出候ハヽ、取揚、此条之通論、親属非分取隠法条を以差引有之間敷候

一卑幼より尊長之財物威取候ハヽ、前条他人同断脇方盗准一等可相加

一尊長より卑幼之財物威取候ハヽ、親属盗律見合間柄ニ応じ、前条脇方盗ニ准一等加へ上より順々可減之

但、弐行首従之内、尊長卑幼交ニ有之候ハヽ、弥尊卑差分可議罪

一噯元之役々支配内無罪之者ゟ本条同断財物威取候ハヽ、公法曲行律准可論

但、犯罪有之段見及、財物威取る者ハ公法曲行律を以可論

公私之財物を掠取親属又ハ在番検者さばくり共噯之者財物騙取科「律」込る

一本職外之輩何卒之御用向ニ付、役人ゟ御物請取、其内致私用、皆同公用ニ為遣入由隠謀偽計を以役々申騙、「或脇々之財物右躰執行を以騙」取る者は、贓物取立各脇方盗律ニ准可論、○若可掠取員数何分と相知候共未手ニ不入申節ハ、定法之通一等可減、盗同前之心入候得共、現盗とは相替候付、脇方盗ニ准入墨宥免

一可掠取員数何分と不相知節ハ、不応軽律を以可議罪

一本文役々を騙、御物掠取候者ハ、御物盗律ニ准可論之処無其儀、脇方盗律ニ准候儀相応不致様ニも相見得候、然処現盗とハ執行相替、役々を騙掠取候筋合ニて、脇方盗准候法義ニて可有之候間、軽々敷御物盗を以致議罪間敷候

一廿五日以下服忌之親属、本文之執行有之節ハ、尊卑幼同居別居を不分、親属盗律見合間柄ニ応じ順ニ可減下

一諸役人前文之通相役申騙、存之御物掠取る者役人盗律を以可論、若可掠取員数何分と相知候共未手ニ入不申節ハ、定法之通一等可減

一可掠取員数何分と不相知節ハ、不応重律を以可議罪

一御物ニ不相係同役、模合之財物騙取者ハ、脇方盗律を以可論

一本文現盗とハ執行相替候付、僉議次第減罪可申付

条々

一他之物を自物と申偽、或便ニ依て携去致私用候類之情罪も、各仕向相替候得共、隠謀偽計之執行ニ候故、前件ヶ条ニ准可議罪、外ニ茂右体之情罪者ハ、此例を以可論

一親属中本文之執行有之節ハ、上文同断親属盗律見合減罪可申付

一諸間切諸島在番検者さばくり共所替抔と申偽、各構之者共より財物騙取候ハヽ、贓物取立脇方盗律を以可論

附、情罪軽く脇方盗を以重く相見得候者ハ、見合次第減罪可申付

賊盗下

一墓を開
一夜無故人家ニ入
一盗賊宿主
一同謀盗
一盗取不得盗取差分
一入墨

墓を開盗弁遺恨を以墓を明、或屍ニ傷弁取棄、或他之墓を田畠ニ召成、或構之境内死人有之節首尾方或神主破壊する類之科律公私込る

此条ハ大概盗之企、又ハ何ぞ之心有て墓を開、或盗或屍を毀或取棄候類之罪を定、死亡之者を可恤律条也

一墓を開者ハ、凡人親属を不論首従差分可論、〇且墓を開弁屍を毀取棄候者ハ、先非を悔詫訴候共、犯罪自訟律内罪科減免無之、

是ハ人を擲又ハ賠償不罷成器類等破却之者ハ、自訟するとも減免無之類也〇且家長家人組合盗弁人を殴る犯罪者、首従差分律内家長張本を以ハ不論、凡人首従之法を以可論類也

一何卒之心有之て他人之墓を開、棺を露す者ハ流十年、棺を開衣類器物盗取屍を露す者ハ僉議次第斬罪、〇且開掛未棺を不露者

ハ流三年、本文之通ニ而情罪相応不致者ハ、科減ずるとも僉議次第、後条同断罪従者各一等可減之

一旅抔ニ而死したる者之魂を招き、衣冠を箱に入葬置候墓を開候者ハ、屍無之候得共、墓を開く心は一ツなる故本文同断、本文同等ニ而相応不致候ハヽ、減罪する共僉議次第

一年来久敷崩明たる古墓之棺厨子を開て屍を露す者ハ、本文墓を開たる者とハ不同最初墓を開く心無之故本文罪科より二等可減、二等減ニ而相応不致情罪者ハ、増減する共僉議次第

一墓之餝又ハ何卒之器物等盗取者ハ、器物作毛破壊律幷御墓所樹木盗律等見合贓物取立、凡盗を以可論

一右同五服内之卑幼、尊長之墓を開棺を露す者ハ、前文凡人同断可論、○棺を開屍を露す者ハ斬罪

一尊長之屍を棄、墓所売払者も屍を棄候儀墓を売候情犯より重き故本文屍を露す罪科同断

一墓買主幷中入人右之情意存候ハヽ、各寺入六十日、○且墓地代幷中入人手間分ハ平等所江取揚、墓地ハ本主江相返させ、

其首尾同家之親属承届候様可申渡

右之情意不存買取者ハ、買主中入人各不及沙汰、代料も主江相返さすべし

一右同廿五日以下有服之尊長、祖父母父母除卑幼之墓を開、屍を不露内ハ不及沙汰ニ屍を露す者ハ、服制ニ依て論五日有服之者ハ寺入五百日、

十日以上之有服ハ各一等宛順々減下べし、無服之親属は凡人より一等減すべし

附、本文之通屍不露内廿日以下有服之尊長江も沙汰なしニ而不致相応候ハヽ、前文凡人罪科より各間柄減法を以順々減下

議罪する共僉議次第

一祖父母父母子孫之墓を開、屍不露内ハ不及沙汰屍を露す者寺入五十日

一前文ヶ条何卒之故有之、墓地替幷水損抔ニて礼法を以遷葬する者ハ、各不及沙汰

一道路野辺抔ニ死人有之候を、何卒之心有て屍毀破、或焚損し死体不全、或水中江投棄致流失候者ハ流十年、葬置候屍右執行有之者ハ、前文墓を開屍を露す罪科同断可論

一五日以上有服之卑幼より、尊長之屍右之所犯有之候ハヽ、斬罪

一妻妾夫之屍本文之所犯有之者ハ、本文之例を以奉伺上意次第議罪可有之

一右二ヶ条他人幷尊長之屍を棄候とも屍不失歟、或毀候とも只髪を切幷傷付候迄ニ而肢体不欠損候ハヽ、各本罪より一等可減、他人ハ流十年より一等減、卑幼ハ斬罪より一等減すべし

一肢体欠損し不全を毀と云、縦令耳目を割幷肢体を折候共肢体全ニ備るゆへ、只傷付且屍棄候共不失、髪を切幷傷候共是又肢体全備るゆへ、各一等減すべし

一尊長五日以上有服之卑幼之屍毀破或焚損死体不全或水中へ投棄致流失者ハ、前条凡人之罪より一等宛順々可減之、夫より妻之屍毀棄候ハヽ、前文凡人同断流十年申付候共僉議次第

一祖父母父母子孫之屍、右之所犯有之者ハ寺入六十日

一子孫祖父母父母之屍幷下人下女家来共檀那之屍、右之所犯有之者ハ屍毀不失を不論斬罪

一墓之跡形不相見得本ゟ不知して無主屍掘出候ハヽ、早速可埋、若其儘捨置不埋者ハ寺入二十日、○且乍存田畠ニ召成候者ハ、縦令厨子幷死骨掘不露候共、本ゟ墓所と明白知ながら心有て犯したる故寺入五十日申付候上、改葬さすべし

一他之墓地之内、主無熟談盗葬者ハ寺入四十日、限を立移葬可申付、本文之通ニ而重く相見得候者ハ、減罪候共僉議次第

一存之境内誰共不知死人有之候ハヽ、公所江申出べし、若無其儀自儘ニ他所江移し、又ハ埋ミ候ハヽ、頭立たる者寺入四十日、本文之通ニ而重く相見得候者ハ、減罪する共僉議次第

一屍他所へ移し、又ハ埋方堅固ならず、屍を失ハせ候ハヽ、寺入五十日、且屍を毀させ、肢体不全敷或水中ニ棄流失させ候ハヽ、寺入九十日、毀棄候共屍不失、只髪を切、耳目を割、肢体欠損し無之候ハヽ、一等減寺入八十日○毀棄る当人ハ寺入五百日、○本文之通ニ而重く相見得候者ハ、減罪する共僉議次第

一右ニ付死人之衣服盗取者ハ、脇方盗准可議論

条々

一前文之通各科定相立置候得共、情変無際限故、一定本法之通ニ而叵召行儀茂可致出来候間、其期ニ至り能々掛吟味、加減を以治罪可有之

一祖宗之神主を棄毀者ハ、上文本律父母之屍を棄毀律ニ比し僉議可有之

一夫之神主棄毀者ハ、前文本律屍棄毀律同断僉議可有之

一夜中在家ニ而姦盗可捕付与打殺し、且捕を防律内野原道路抔ニ而捕を防ぐ盗賊を打殺候ハヽ、不及沙汰候、然処其罪を恐屍を毀棄并埋ミ候者ハ、前条本律境内之死人公所江不申出、私ニ他所へ移し、又ハ埋ミ候律を以論、寺入四十日

夜無故人家ニ入夜無故人家ニ入者之科律、右ニ付周章様打擲絶命させ候家主罪科有免、又ハ捕付候後打擲絶命させ候科律込る

一夜中無故人家ニ入る者ハ、不応律を以可議罪はひらいに逢、周章様走入候類之情犯者ハ不沙汰

一右通無故人来、其所巧姦盗とも殺害之隠謀とも難察入、家中驚騒急難を可避与周章様打付、即時ニ絶命させ「候」者ハ不及沙汰

但、本文無故家中ニ入、又ハ即時ニ絶命させ候を専ニ吟味可有之、尤無故入来其心難計、少し手後れ有之候ハ

、則可及害与不取敢打付、則時ニ絶命させ候故、本文之通不及沙汰

一若捕付候後、擅ニ打擲折傷以上ニ至らせ候ハヽ、喧嘩打擲律を以論四等減寺入五十日以上二百日迄、情罪相応不致者ハ増減する共僉議次第絶命させ候ハヽ、喧嘩殺害律を以論二等減寺入五百日、本文之通ニて情罪相応不致候ハヽ、寺入六百日以上千日迄申付候とも僉議次第

但、本文罪科減候儀、夜中人家忍入、其所巧難察入、縦令捕付候而茂疑心不相晴、驚騒之余ニ殺傷、情罪可宥儀ニ而減罪有之、且罪人捕を防律内捕付候後任怒自儘殺傷候茂、本文同律を以論減罪無之、両条不同候、此儀罪人捕を防律ハ公所構之罪人ニて捕付候ハヽ、何卒之障も無之候を自儘殺傷候儀、専暴虐所行ニて減罪無之、各情罪相替候付、罪科軽重差引有之

条々

一野原田畠より諸作毛盗取候を、主より打擲致殺傷候ハヽ、罪人捕を防律条見合可論

一財主江立向致防戦候者、罪科右ニ付財主より打殺不及罪科儀罪人捕を防律条見合可論

一盗人捕付、私ニ拷問或牢込或飢寒ニ付而絶命させ候ハヽ、前文捕付候後殺傷律幷可類律条等見合僉議次第増減可有之

盗賊宿主盗人を自家江招集、或同盗或盗不致盗物分取不分取類、或与風相逢同盗或暫止宿させ盗物寄合喰、或盗物与知不知して分取買取預り候類之科律

此条盗賊宿主之情犯ハ、亡命之顧も無之悪党者を招集め、盗為致盗物分取大概俗ニ居盗与申して尤悪き情犯故、其罪を重んじ、盗之源を治めしづむるの科律也

一強盗之宿主張本にして、盗之手段謀り出し強盗之働有之者ハ、縦令其身ハ同盗せざるといへども、同謀之者共強盗を働盗来たる盗物居ながら分取候ハヽ、流十年、○同盗する時ハ盗物分取分取ざるも無構是又流十年、若情罪軽重相応不致者も有之候ハヽ、罪科増減律見合加減可有之○後条同断

一縦令同盗茂不致、盗物茂分取らずといへども強盗之手段謀出たる情犯悪き故流六年

一盗物少し貰取、或寄合喰、或売支配仕何卒之利欲無之情犯者ハ不応重律を以論其咎可申付、後条脇方盗之盗物茂同断可論

一右同宿主盗之奸差図不致、只盗人之謀情を知て相共ニ謀て致同盗、盗物分取らず、或同盗不致物分取情犯者茂前条同断流十年、且同盗茂不致盗物茂分取らざる時ハ科鞭四十五可申付

一脇方盗之宿主張本ならバ、縦令其身ハ同盗せざるといへども、従者とも盗来たる盗物分取る者ハ多少不論、脇方盗之張本を以可論、同盗する時ハ盗物分取らざるも同断○若同盗茂不致、盗物茂分取らざる時ハ、従者を以論一等減、其節ハ現ニ為致盗従者之内臨時ニ頭立たる者を張本ニ可議論

一宿主張本にあらず盗人等江随従いたし、或致同盗盗物ハ不分取、或同盗不致盗物ハ分取る者ハ、宿主張本之情犯とは同じからざる故従者を以可論、○若同盗不致盗物茂分取らざる時ハ科鞭十五

一前文ヶ条ハ強盗脇方盗之宿主或張本或ハ同謀したる者之律法也、若本より同謀にあらず、与風「相逢」相共ニ致盗節ハ、臨時ニ頭立盗之手段引主取りたる者を張本にして、余ハ従者を以論ずべし、本より同謀ニあらず、謀略を以人をだまし売たる身代銭、又ハ強盗脇方盗之盗物与知て後分取る者ハ、分取高取立脇方盗従者ニ准じて論じ、入墨ハ宥免たるべし

一強盗脇方盗等之盗物与明白ニ乍存、わざわざ買取る者ハ、利得之心有之故買取たる物代分取立贓を以坐律論、且預り候者ハ預りたる迄ニて買取たるゟ情犯軽き故、買取たる罪より一等減し、各寺入九十日迄ニ可召止、役人盗御物盗其余之盗惣て此例を以可論

一若盗物与察ししらず、誤て買取幷預りたる者ハ不及沙汰

一預り物費用したる歟、或ハ何歟与申して返し渡たる歟之情犯者ハ、前文強盗脇方盗之盗物与乍存分取律を以可論

条々

一前文本律強盗脇方盗之外、余之盗人（掏摸并野原作毛盗御墓所樹木盗馬牛畜類盗等之）宿主茂、各本律之軽重見合、前文本律ニ准僉議可有之

一盗物与気を可附廉無之、代銭茂相当にして（何ぞ之心なく）買取たる物ハ、（盗人売払代ニて）買戻し候共主勝手次第、○且代銭下直ニ買取たる物ハ、其訳委敷相糺、利得之心有て買たる物ハ取揚主へ返渡し、盗物与気を可附廉無之物ハ、右同前買戻させ候共其時之僉議次第、○且盗物与可推察廉有之「を、無穿鑿ニ而買取たる歟、或盗物与乍疑買取たる類之物」ハ、（代分高下無構）無代ニして取揚主へ返渡し候共僉議次第

一婦人盗賊之宿主ニて、前文本律之情犯者ハ各本律を以論し、夫在家又ハ男子右之情犯存知ならバ、夫男子之問江、代罪申付候共僉議次第

一夫茂男子茂無之歟、或夫男子有之候共致他出右之情犯知ざる歟、或男子幼弱歟ならバ、（婦人犯罪律并塩法律見合）婦人江其罪申付候共、是又僉議次第

一盗賊宿主同居之父兄（子弟等之）盗物分取、且不下知之廉有之者ハ（脇方盗律条々見合可論）

一賍物ハ（賍物支配律を以論じ）「首尾方可有之」

同謀盗（強盗相企、現ニハ脇方盗を犯、且脇方盗相企、現ニハ強盗を犯、其節同行不致者共科律）

一強盗之術申合、（其期ニ至り）首従之内同行不致、盗ニ出候者共最初之相談ニ違脇方盗を犯候節、右同盗不致者罪科左条之通

一張本人同盗不致、従者脇方盗を以盗来候盗物分け取候ハヽ、（最初強盗之相談ニて候共、実ハ脇方盗之盗物ニて候故）弥脇方張本を以論ずべし

附、従者同断之所行有之節ハ、弥脇方盗従者を以論ずべし

一張本人同盗不致、盗物茂不分取候共、強盗之企元ニて寛免無之脇方盗従者を以論ずべし

附、従者同断之所行有之節ハ、是又強盗同意之者ニて全免無之科鞭二十

一右通張本人従者ニ取候節ハ、現ニ致盗候従者之内、臨時ニ頭立候者を脇方盗張本を以論じ、同盗之者ハ従者を以可論

一本文之通脇方盗を犯候節、捕を防人を殺傷候者ハ、捕を防律を以て論其節盗所へ同行不致、首従同類者盗来候盗物分取候ハヽ、脇方盗首従を以て論ずべし

一脇方盗之術申合其期ニ至り首従之内同行不知、盗ニ出候者共最初之相談ニ違強盗を犯候節、右同盗不致者罪科左条之通

一張本人同盗不致、従者強盗を以盗来候盗物分取候ハヽ、強盗之盗物ニ而候得共、企之本意ハ脇方盗ニ候故、強盗之次第存否無構脇方盗張本を以論ずべし

一張本人同盗不致、盗物茂不分取、且従者同盗不致同類強盗を以盗来候盗物分取候節ハ、各脇方盗従者を以論ずべし

一右通企之頭従者ニ取候節ハ、現ニ致強盗候従者之内、臨時頭立候者を強盗張本を以論随従之者ハ従者を以論ずべし

条々

一強盗脇方盗之術申合、張本人同盗不致盗ニ出候者最初相談之通強盗脇方盗を犯候節、張本人同盗不致儀本懐ニあらず、或財主知方ニ而同盗難致訳有之候歟、或何卒之支有之組合者江盗之道具等相渡自家へ待居、盗来候盗物分取候類之情罪者ハ僉議次第盗賊宿主律を以可論

一従者悔悟之心差発、同盗不致候共、組合者盗来候盗物配分致受用者ハ盗賊宿主律内盗物と乍存分取条を以論ずべし

盗取不得盗取差分盗去取隠候を取返し、或中途追掛取返候差分を以盗取不得盗取差分之科律

此条ハ盗賊諸条之通例、財を得財を得ざる差分を以罪科軽重有之律法也、惣て盗罪を論じ候節ハ、公私ニ不限皆共此律見合裁断有之べし

一盗人財主を不恐あらハに人之財物奪取者ハ、強盗搶奪之類也且盗人財主を恐竊ニ人之財物盗取者ハ、掏方盗掏摸之類也是皆仕向相替候得共、皆共盗たるべし、去ながら盗物ニ茂品ニより大小軽重を以難持去持去安き、難取隠取隠安き品有之候、尤律法ハ財を得財を得ざるを以軽重差別有之、一概ニ難論故、大小軽重を以左条之通治罪すべし

一諸道具幷品物米銭反物之類難取隠物ハ、盗取本所を離れ候ハヽ、財を得る罪ニ論ずべし

一珠玉細物之類隠安き物ハ、盗人手ニ入取隠候ハヽ、縦令坐中ニ罷居いまだ不持行候共、盗成就之筋合ニ而財を得る罪ニ論ずべし

一木石等重大にして人力を以輙く難持出物ハ、盗取已ニ致駄載候ハヽ、財を得る罪ニ論ずべし

一牛馬羊等之畜類ハ、本家飼立候場所ゟ引出候ハヽ、盗取罪ニ可論

附、若馬一疋盗去、別馬追行候ハヽ、本より二疋可盗取本意ニて無之故、一疋盗取罪を以可論、○尤母馬盗取、子馬追行候儀ハ必然之儀ニ候故、二疋盗取罪ニ論ずべし

一庭鳥犬猫之類ハ、持出繫留致専制候ハヽ、盗取罪可論

附、本文之畜類ハ、自分他家へ可参居儀茂有之、又ハ盗取候後、繫縄解放置候儀も可有之候間、能々吟味可有之

一右ヶ条公私ニ不限、盗賊諸条之通例、尤不得盗取節ハ財を得ざるニ因て論じ、已ニ財を得る者ハ各律法を以科断い

たすべし

条々

一前文本律諸道具幷品物米銭反物之類ハ、盗取本所を離れ、且珠玉細物之類ハ座中ニても取隠、且木石等重大之物ハ已ニ致駄載、且牛馬羊等之畜類ハ飼立場より引出、且庭鳥犬猫之類ハ持出繋留候ハヽ、各財を得る罪ニ論じ候律法なれども、盗物中途追掛取帰候ハヽ、不得盗取罪ニ論候而相応可致情合も可有之候間、其期ニ至り能々吟味可有之

附、私家又ハ他家なり共、家内ハ取隠候よりハ已ニ盗成就之筋合ニて、縦令全く取帰候ても、財を得る罪ニ論ずべし

入墨依罪品入墨刺、又ハ罪科相済消除候法義幷私ニ消除候科定込る

一盗賊幷欠落者入墨ハ腰書之通丸星、差渡七分引筋七厘外法刺之、罪科ハ各律条を以可召行、士ハ入墨有免

但、罪科裁断相満次第於平等所はづき細工ニ可為刺之

一御物盗役人盗初犯ニハ右面、再犯ニハ左面ニ可刺之、諸士ハ惣じて入墨有免、後条同断

一御物盗人之内、以前脇方盗等相犯候者之外、或強而被引卒、或愚鈍幼少等之者共ニ而入墨有免相応可致者ハ、僉議次第有免、然共及再犯候ハヽ、不及僉議可刺之、後条准之可論

一役人盗之内公私之財物掠取律内相役中だまし存之御物掠取、且牢人を虐律内牢舎人江被下候衣食掠取役々、其外右躰現盗をバ所犯相替候類之情罪者ハ入墨有免、後条准之可論

一強盗初犯ニハ右面、再犯ニハ左面可刺之、不及流刑者ハ入墨有免、後条可准之

一流人配所幷中渡之所より御当地幷他島へ欠落者、初犯ハ左面、再犯ニハ右面ニ可刺之

一脇方盗初犯再犯ハ入墨有免三犯ニハ右面可刺之、及四度候ハヽ左面可刺

一罪科年限相済、平等所引合之節入墨消除候様可申渡、若罪科年限内於配所消除候者ハ、在番検見本之通刺直し、罪科
「科」鞭三十

一頼を受消除候者ハ、科鞭二十五可申付

条々

一財物不得盗取者、或罪人係合ニ依て同罪幷減罪する類、其外情罪軽者ハ入墨不申付も有之候間、各律条幷左条を以
可論

一老幼片輪者幷婦女右同断

一何歟ニ付本罪有免之節ハ、入墨迄も惣而可令免許

一入墨可刺罪科二三ヶ条一時ニ露顕之節ハ、二罪一時ニ露顕之法条を以可論

一強盗を犯候者脇方盗ニ取軽メ、且重高之盗物を取少メ不実不尽ニ自訟、且可及披露様子察入詫言を以盗物相返し、
罪科減免する類ハ入墨有免

琉球科律　巻之十　人命

人命

一謀殺
一喧嘩殺害
一戯殺傷誤殺傷過失殺傷
一弓箭を以人を傷
一馬を馳人を殺傷

謀殺何そ之宿意有て人を謀殺、或右之「便」ニ乗り財物取去候科律込る

此条ハ何卒之宿意有て、隠謀偽計を「以」役人を殺害するの科律也、尤謀殺ハ情犯重其法も厳重有之、刑法ニ携へる役々過あらん事を恐る、尤人命可慎儀肝要なる故、謀殺之事ニ逢ハヽ、此条厳密巻舒して、夫々之律意汲分け平等僉議可有之

一謀殺之奸情ハ、仇怨財色等之宿意有て謀り殺す類也、尤偽計陰謀を設定る者を張本とすべし、若無其儀同謀者之内一言之証拠抔を以張本召成し、且場ニ在て見伺、或声を懸られ驚を窮迫させ味方守護ニて助勢したる者を助殴重傷之者ニ成し、一同重罪ニ擬り留命を傷ふべからず、謀殺頼を受毒薬調合命させ候者ハ助殴同断可論

一人を謀り殺す者ハ其手段一ツならず、或は刃物を以て殺し、或毒薬、「或」水火ニ駆赴かし、或刑罪ニ踏入らせ、或人遠き所へ待伺て即時ニ打殴し候計策を設定め殺害する者を張本とすべし

一仇人を謀り殺さんと他人へ申合、其奸計他人より謀出し候共、其本意ハ実企元ニ有之候故、弥企元を張本ニなすべし

一人数組合謀殺之事ハ其情察し易し、且独心中ニ謀りたるハ謀情察しがたし、夫故年月差引律目同謀之本法ハ二人以上なれども、謀情顕然ニて或殺たる「兇」器取出し傷「痕与」符合する「歟或」毒薬之求口等夫々之証跡明白ならバ、一人ニても二人之法を以可論

附、独心中ニ謀ると喧嘩殺害律内わざわざ殺とハ、其所犯大意相似たるといへども、本情ハ不同わざ〳〵殺ハ闘争之中忽殺さんと心を起たる故、同行者もしらず且謀殺ハ前以其思ひ心中ニ設たくわひ殺害する所犯ニて、両条差別有之候得共、是亦独心中ニ蓄たる故同謀之者不知儀も可有之候

一何卒之宿意有て、或独心中ニ謀、或人へ謀出させ隠謀偽計を設定め人を謀殺、張本人ハ僉議次第斬罪、助殴之従者も死罪、助殴せざる従者流十年、本文死罪并流十年ニて重相見へ候訳筋有之者ハ、減罪する共僉議次第、後条可准之

一若謀殺不相遂、其人何歟ニ付与風及死命者ハ謀殺ニよるニあらざる故、手を懸不懸等差分け、喧嘩殺害律内同謀共ニ人を殴律見合可議罪

一張本人自手ニ不殺、同謀之者より打殺候共、其訳僉議ニ不及、悪意弥重ニ付一命一抵之法とハ不同故二三命を以て一命ニ抵罪するとも過ニて無之

一傷を付不得殺節ハ張本一世流、○助殴之従者ハ流十年、○同行する共助殴せざる従者ハ寺入五百日

一謀り殺さんとしたる人致防戦、或人ニ救ひ護、或謀殺之企風説有て逃遁未傷を受させず張本人ハ寺入五百日、○従者同謀

同行之者ハ各寺「入」九十日

一前文三ヶ条縦令張本人ハ同行不致候共張本を以論、已ニ殺し候節ハ斬罪、傷付候節ハ一世流、不傷節ハ寺入五百日同謀「之」従者同行不致節ハ致同行助殴せざる従者ゟ一等可減之、殺時ハ寺入五百日、傷付候時ハ寺入四百日、不傷時ハ寺入八十日

一謀殺ニ依て財物取得候者ハ、強盗ニ不異故強盗律を以可論、前文本律をも見合僉議可有之

一致同行贓物不分取、且同行不致贓物も不分取者ハ、最初人を殺さんと謀り財物を取らんとの心無之故前文本律を以可論

条々

一謀殺さんとしたるを其人察し知逃走候迚跌倒死し、或水中抔へ落候節ハ、縦令未だ傷を不付其場逃遁於他所死し候共張本人流十年、従者寺入九十日

一則坐ニ不打果日を越死し候共、謀情顕然ならバ則坐ニ打果たるも同前なる故其期ニ臨て僉議可有之

一凡人并有服之親属組合謀殺之所犯有之候ハヽ、有服之者ハ親属殺害之諸条見合論じ、凡人ハ前文本律之通張本并助殴又ハ助殴せざるを以可議罪

一人を謀殺候与て誤て側なる人を殺し候ハヽ、喧嘩殺害律内故殺法を以可議罪

喧嘩殺害喧嘩打擲ニ依て無心ニ打殺、且闘争之砌殺さんとの心を起し、わざ／＼殺したる情犯差分ケ罪科軽重之科律

一此条殺害之情犯三段有之、一段ハ闘殴殺と申して両人闘争ニ依て無心殴殺し、○二段ハ故殺と申して人数二人以上同謀ニて闘争之中、臨時ニ殺さんとの心を起したる情犯ニて、其心同謀者成共知所ニあらず、○且三段ハ同謀共ニ殺と申して人数二人以上同謀共に人を殴て絶命させ是も又無心殴殺也、此条喧嘩打擲律見合可通論

一此条故殺与、謀殺律内謀殺之情犯与大意似寄、只故殺ハ心を臨時ニ起し、且謀殺ハ未殺害不致以前ニ其計事を蓄置殺害する情犯ニて、両条差別有之候、依之第一可問究儀兼而ゟ殺さんと謀りたる哉、又臨時ニ心を発したる哉、又殺害せんと謀りたる所ハ何様之心入ニて為有之哉、又何某手ニ絶命為致哉、夫々之情犯慥ニ可問究

一両人喧嘩闘争ニ依て打殺する者ハ、本人殺害之心無之故手足金刃木刀等之道具を不分僉議次第死罪、若犯罪ニて重有之者ハ一世流以下ニても僉議次第

一闘争之砌忽殺さんと心を起し故殺す者ハ、予ゟ謀りたるニ「ハ」あらざれども臨時ニ心を起し殺害したる故、僉議次第斬罪、わざ〳〵殺す之情犯ハ同謀成共不知故、助殴之従者有之候共、後条同謀之余人を以可論

一二人以上同謀共ニ人を殴、絶命させ候ハヽ、最初人を擲くの心有之、殺さんとの心ハ無之、夫故謀りたるゟ擲たるハ情罪重し、依之従者成共穴所ニ重傷を負ハせたる者を以僉議次第死罪、若情犯ニより死罪ニて重く有之者ハ一世流以下ニても僉議次第○張本人ハ奸謀を設禍引出し、一人ハ殺害ニ逢ハせ、一人ハ返罪ニ陥らせたる者ニて、余人を以て可論ニあらざる故殴不殴も無構流十年、情罪ニより十年ニテ軽く相見得候者ハ長き遠流又ハ一世流ニても僉議次第○同謀之余人ハ人数之多少幷傷之軽重無差別、縦令側ニ在て手を不下者も、兇悪を助人を殴之心有之故各寺入九十日、手を下し不下も同等ニテ相応不致候ハ、何分ニも僉議可有之

一若同謀共ニ穴所を殴、即時ニ絶命させ節ハ、(候脱カ)後手を下傷重く負ハせたる者を重罪ニ処し、若即時ニ不死後日死し候時ハ、何所之重傷依之死したる訳分明ニ取定、是を重罪ニ処すべし

一右同致乱殴、先後軽重不知節ハ、張本人を以て重罪ニ処し、張本人無之節ハ先手を出したる者、先手も難差分節ハ口論引出したる者を重罪に処すべし

一喧嘩打擲律ハ傷之軽重を以夫々之罪ニ処し、且本文余人ハ傷之軽重無差別寺入九十日召上法義不同、喧嘩打擲律ハ傷を重んじ傷之軽重を以其罪を論、且此条ハ死命を重んじ、手を下し絶命さす者ハ則之抵命返罪ニ処し、余人ハ傷之軽重無差引寛減有之

条々

一謀殺
律内謀殺之張本人ハ、本ゟ人を殺之奸媒謀出したる者ゆへ縦令同行せざるといへども、弥張本人を重んじ為首論じ、且つ此条ハ重傷を重んじ、縦令従者成共重傷を負せたる者を重罪申付、尤も人を殺す之心も無之就中前文本律ハ共ニ殴たる哉否を不論流十年と有之ハ、其場ニ在テ殴不殴を云、若張本人其場不参同謀者どもより人を殴殺時ハ、其場参たる者とハ情犯相替、流十年ニては如何ニ相見へ候故、何分ニも僉議可有之

一同謀者之外与風致同行、共ニ人を殴重く傷付絶命させ候ハヽ、則是を重罪ニ処すべし、若絶命せざる時ハ余人を以可論

一右同其場ニ在て助力不致者も、不取境儀越度ニかゝり候故、不応律を以可議罪、是ハ余人を以ハ不論

一同謀者人を殴殺したる者死罪ニ相片付、未だ不召行内、張本人又ハ致助殴傷重負ハせたる者、牢内或捕出し候中途ニて致病死候ハヽ、縦令不及死罪候共是を死罪之返罪ニ引合、手を下絶命させ候者ハ死罪有免本律張本人之例を以僉議次第流十年ニ可議罪、本文流刑之者罪科相済候後、私家抔ニて相果候節ハ、右例を以論間敷候

一病死之者を以死罪之返罪ニ可引合儀、謀殺律之外ハ一命之為二人江死罪之返罪不申付律法ニ候、尤本文一人ハ逢打擲相果、又一人ハ於牢内中途ニ死し、正命ニあらざる故病死之者を以返罪無足、況手を下したる者を犯罪ニ処し候ハヽ、一命之為二人を以返罪之筋ニ相成律意致相違候、依之随分生路を求、軽々敷死罪ニ不入様心を可豊儀可為肝要、是律之未不備を補ひ、仁至り義之豊る候所也

一前文本律同謀共ニ人を殴たる者之内、穴所ニ重傷を負ハせ絶命さす者ハ弥本律之通、其外刀鎗等之兇器を持、又穴所ニ傷痕を付たる者ハ、余人を以ハ難論故、何分ニも僉議可有之

一父子兄弟下人家来同謀ニテ人を擲絶命さす時ハ、威勢を以下知為致者を張本ニ取、○手を下す者ハ従者ニ取、○同行者之内手を不下者ハ不応律を以可議罪

戯て殺傷棒拳抔ニて打合、或津湊水泥深く幷渡舟朽弱難過渡段乍存、戯り誑し過渡候迚、為及怪我候類之律条
誤て殺傷喧嘩打擲幷人を謀殺わざ〳〵殺し候迚、誤て旁人を殺傷候類之律条
過失殺傷禽獣を射幷何歟ニ付礫を投不思人を害し、其外右躰之所行ニて人を殺傷候類之律条

此条ハ人を殺し傷内ニも情罪差別有之、或ハ戯ニより、或誤ニより、或過失ニ依て殺傷も有之故、夫々之情犯差分け可議罪法義申述候

但、戯ニより誤ニ依て凡人を傷者ハ、療治日限律之通罪科之外養生料渡方申付薬料之補有之、且過失して殺傷罪科ハ贖分ニ引替葬料薬料之補有之

戯て殺傷

一戯に依て人を殺傷者ハ、最初殺傷心なく尤相互ニ和談之所「行」たるといへども棒拳其外人を殺ニ堪たる物ニて打合、其所行勝劣次第可殺傷儀、案中之事ニて不意ニ出たるニハあらざる故、喧嘩殺傷律見合論絶命させ候者ハ流十年、傷候者ハ傷之軽重を以可議罪、訳ニより流十年ニて軽く相見得候者ハ、長き遠流「一世流」申付候共僉議次第

一戯に依て殺傷ニも情犯同しからず、一定之法義を以ハ難差通も有之、縦令バ両人於園中桃を食ひ、其核を以戯て同伴之人を擲、夫を避逃し候とも跌倒身を撞痛し絶命ニ及せ候も、戯ニ依て出たる情犯と申ながら、桃之核ニてハ人を殺ニ堪ず、況本より害するの心なく、本文人を殺ニ堪たる物ニて戯殺死ニあらざる故、是等之所犯ハ後条過失を以論ずべし

一津湊幷川原抔水泥深く、又ハ橋幷渡舟朽弱難過渡段乍存、偽て水泥浅く渡舟も堅固有之由戯り誑して過渡し候て、

溺死又ハ身を傷させ候者も、殺傷心入ハ無之といへども人命を以て相戯候儀前文戯て殺傷と同断之情犯なる故、是又前条同断可論

一本文難過渡段乍存、偽て害ニ逢させ候者ハ本律之通、若難過渡段聊不存、誤て害ニ逢させ候者ハ一同論問敷候、誤て害ニ逢させ候者ハ過失律を以論候とも、本条之上より減候共其時之僉議次第

一渡舟存候者賃分を貪、多人数乗せ付、為及怪我候者関津留難律内改役財利を貪る律を以可論

誤て殺傷

一喧嘩打擲之時誤て旁人を殺傷者ハ、最初人を殺傷心無之といへども、所犯人を殺傷ニ堪へたるゆへ前条戯殺同断論ずし、戯ニ依て誤て旁人を殺傷も同断

一人を謀殺并故殺ニ依誤て旁人を殺者ハ、殺さんとしたる人を殺したるニハあらざれども、本ゟ人を殺すの心有て已ニ別人を殺したるゆへ喧嘩殺害律内故殺律を以僉議次第斬罪、傷候者ハ喧嘩打擲律を以可論

一謀り殺ニ依て誤て別人を殺し候節、首従之内致同行手を不負者并同行も不致者共、罪科ハ本文相見得不申候、謀殺律之内本法を以論じ候得バ甚重く、就中本より殺さんとしたる人ハ傷をも負ハせず、別人を誤り殺し其罪も殺したる人ニ有之、尤現謀之者を殺したるとハ訳相替候付軽目之方可召行儀ニ候故、謀殺律内已ニ行て不傷律を以論、軽重之宜ニ可相叶候間、其期ニ到り猶亦僉議之上可召行

一本文謀殺并故殺又ハ喧嘩打擲ニ依て誤て旁人を殺傷情犯ハ、或闇夜ニて見誤歟、或人違歟、或取境候人并其場罷在候人を誤て殺傷候類也、尤謀り殺ニ依てハ、毒薬を食物ニ加へ入、誤て別人ニ進め候も可有之

一誤りとハ一時之迷誤ニて手を失、不思取誤りたる儀也、然ニ謀殺故殺喧嘩打擲等之時本人之親属下人等救護ニ依て、右之親属下人等殺傷者ハ心有之殺傷にかゝり、誤て傍人を殺傷比ニあらざる故、各本律を以可論

一捕役盗人捕候折、捕役へ立向、互ニ防戦、捕役誤てかゝはりなき人を殺傷者ハ過失律を以可論

一普請幷何歟仕立方等ニ付、何卒之用心届兼、誤て怪我ニ及せ候者ハ木石取出不堪用律条見合可論

過失殺傷

一過失ニて人を殺傷者ハ、思慮届兼与風之仕合ニて人を害するの心なく心外之所犯、前条戯ニより誤ニ依て殺傷情犯より軽し、寔ニ可寛宥情犯なる故、喧嘩殺傷律准贖分引替葬料薬料之補として被殺傷候方へ可給之、贖分員数過失贖分図ニ見得る

一過失之情合ハ禽獣を射、或何歟ニ付礫を投、不期して不思人を害し、或高き所登り候中途ニて跌倒、同伴之人ニ損を及し、或乗舟強風ニ逢、或ハ乗馬驚き走、或車坂へ走下り、其勢可取上様無之、余舟他人を損じ、或重き物を荷揚ニ力足らずして、相手之者を怪我ニ及せ候類也

但、所犯之情変無際限、右之外ニも過失之情合能く遂吟味、聊取違間敷候、尤過失之内ニも少し情合相替、縦令バ何歟用心届兼怪我ニ及し、誤りとも過失とも難決情犯も有之、是も一同過失を以論じ以贖分引替相応不致者ハ本罪之上より減下げ、現料申付候共僉議次第

一前条戯ニより誤ニよりて殺傷内ニも情犯ニより各本律を以ハ難論可有訳有之者ハ、僉議次第過失を以て可論

一過失ニて親属を殺傷者ハ、凡人一例ニハ不論、有服之親属殺傷各律内過失律を以て論、尤各律内過失之科律書載ざるハ、弥凡人同前可論

一下輩之者より歴々方過失ニて殺傷、贖分相応不致者ハ僉議次第現科可申付、喧嘩殺傷各本律を以現科申付、重く相見得候情犯者ハ僉議次第減罪可申付

一人民群集之所幷人家江向遊戯ニ付て弓を引、或ハ礫を投候儀是皆人を可傷物ニて怪我之基ニ候故禁止、○若令違犯者於有之者縦令人を不傷候共寺入

弓箭を以人を傷礫を投人を傷科律込る

二十日、人を傷候ハ、喧嘩打擲律を以論各傷罪より一等減、篤疾ニ至らせ候共家財不分与〇本文之通之律法なれども、情罪ニ而重く相見得候者ハ、猶又減罪するとも其時之僉議次第絶命させ候ハ、流十年、葬料分可為相渡

一本文罪科一等減篤疾ニ至らせ候とも養料不相渡、且絶命させ候て流十年迄召留候儀遊戯を以本より知らさる所より出来、尤其場へ向箭を放し礫を打たるも、必人を殺し傷さんと之心無之、素より喧嘩打擲之情犯とハ同じからざるゆへ、本文之通減罪有之候也

条々

一殺し傷し候人親属ニかゝり、其罪可重間柄之者ニて候共、相犯し時間柄之段不存者ハ、本条外之罪名律条見合凡人ニ依て論、〇且本罪可軽者ハ親属打擲之諸条見合各本律を以可治罪

一人民群集人家も無之所ハ、箭を放し礫を打候も禁止ニあらず、縦令意外ニ人を殺し傷候とも、前条本律を以ハ不論過失殺傷律条見合可治罪

馬を馳人を殺傷公用ニ付牛馬馳通し人を殺傷科律込る

一通路其外多人数群集之所より牛馬差通候節ハ尤可慎儀ニ候、然処何卒之故もなく馳通し、人を撞傷者喧嘩打擲律を以論一等減失命させ候ハ、流十年申付候上、葬料分可為相渡、〇且於野辺人通り少通路多人数群集之場所とハ格別故人を撞傷候とも不及沙汰、然共失命させ候ハ、人命重き故寺入九十日申付候上、是亦葬料分可為相渡、騎馬幷荷付はだし牛馬同断

但、本文無故馳通候儀専ら吟味可有之、若静ニ差通候牛馬不図驚馳、是非取止不得怪我ニ為及候類ハ、本文無故馳通之比あらざる故過失律内見合可論

一牛馬先ニ成し馳通し候儀怪我之基ニ候故、縦令不傷候共不応軽律を以可議罪

一野辺人通少き場所ニてハ、牛馬馳来候共避易有之候を避遁れ不得被傷候者ハ、自分ニも過有之故、馬主罪科不相見得候

一右通自分ニも過有之故、傷候共無罪之法義ニて可有之、乍去野原ニても場所ニより候歟、或廃篤疾之片輪ニ召成候歟、或情罪ニも沙汰なしを以て相応不致も有之歟、且絶命させ候も寺入九十日ニて軽相見得難差通者ハ、前条通路多人数群集之所ニて殺傷法准減罪申付候歟、又ハ過失律を以論候共其時之僉議次第

一御急用ニ付て通路多人数群集之所より馳通し、人を撞傷幷失命させ候者ハ、前条無故馳通し候情罪とハ不同故、過失律を以論傷之軽重ニ応じ贖分引替可申付、且於野辺傷候節ハ不及沙汰、失命させ候ハヽ、是亦過失律を以可論

条々

一前文ヶ条殺傷候人親属ニかゝり候ハヽ、親属殺傷各律を以論二等減尊卑差分可議罪、御急用ニ付殺傷候ハヽ、親属殺傷各律内過失之法を以論、是亦二等減すべし

一牛馬其用心無之、人為怪我候者罪科ハ牛馬人を咬踢律見合可論

琉球科律　巻之十一　闘殴

闘殴

一喧嘩打擲
一療治日限
一任威力人を責
一二十日以下有服之尊長を殴
一二十五日有服之尊長を殴

罵詈

一悪口
一尊長を罵

喧嘩打擲手足幷何卒之道具又ハ刃傷等之軽重を以寺入十日以上流十年迄之科律

此条ハ喧嘩打擲之律法を立、兇悪之者を懲、人之身命を重んじら志むる也、扨喧嘩之起りハ、大概一時一気の短慮より相起り、当座之争論致増長不取敢所為ニて、何卒宿意あるニあらざる故、傷之軽重を以科定相立置候、然共其傷ニ依て及死命者も可有之故、傷を付たる犯人へ其傷療治申付、令平復者ハ其罪寛減、且死し候時ハ其返罪重科申付候律

法有之故、療治日限律幷殺害之諸条又ハ喧嘩打擲之諸条等見合各律条を以可論

但、此条ハ喧嘩打擲之科定本ニて、是ニ類し候科律ハ惣て此条本ニメ増減を以科定相立候、尤軽重之傷名四段ニ差分け、一段ハ折傷以下、二段ハ折傷以上と申て傷之大小差分け、三段ハ廃疾、四段ハ篤疾と申て眼肉幷手足打損じ片輪ニ召成候軽重を以、夫々之科律左ニ記之

折傷以下打擲軽く、手足幷何卒之道具を以打腫せ、或令内損血を吐せ候罪科、寺入十日以上七「十」日以下五段之傷名

一手足を以人を打、不傷者ハ寺入十日、〇手足を傷又ハ他物を以打不傷者ハ寺入廿日、〇他物を以傷候者ハ寺入三十日

一傷とハ打所之皮膚青赤ニ腫立候を云、又他物とハ手足之外棒槌礫抔之類手当ニ取用ふる物を他物とす、尤刀鎗ニても刃を不用、腰幷柄を以打候ハヽ、是亦他物を以可論

一髪一寸かく以上抜去らし候者ハ寺入四十日、〇若人を殴、耳目之中より血を出、或臓腑を令内損吐血させ、或穢物を以人之頭面を汚し候者ハ、其心底手足を以傷候より重き故各寺入七十日

一只皮打破血を流し候ハ、内損之比ニあらず、且鼻穴より血を出し候ハ、耳目の中より血を出候比ニあらざる故各手足他物を以傷候罪科同断可論

一髪抜去候共一寸かくに不及内ハ、手足を以傷候罪科同断可論

一下血させ候も、内損吐血同断可論

折傷以上歯幷ニ指又ハ骨抔打折、且刃傷等之罪科寺入九十日以上三百日以下三段之傷名〇各律内折傷以上と有之ハ廃篤疾込る

一一歯打折、或手足之間一指打折、或一目眇ニ成し少し見未瞎いたらず或耳鼻抉破其形を残破或骨を破傷し、或沸湯幷炎火又ハ銅銭之鋳

汁抔を以傷、或穢物を以人之口鼻之内灌入候者ハ、其心底前文頭面を汚し候より重き故 寺入九十日、本文之通ニて軽重相応不致者ハ、罪科増減律見合僉議可有之、後条同断

一本文耳鼻抉破とハ、裂破る也、若刀を以割破割去らし候ハヽ、後文刃傷之法を以可論

一二歯以上幷二指以上打折、或髪惣様切去らし候者ハ寺入百日

一二歯二指以上とハ、歯三ツ四ツ指三ツ折たる事ニて、夫程運動ニ無障故、一歯一指打候罪ニ一等加へ候也

一髪切去らし候とも、結調方相成候ハヽ、前条一寸かく以上抜去らしたる罪科同断可論

附、結調方相成候ハヽ、豈本文惣様切去したる罪科寺入百日可申付哉、然共前文一寸かく以上抜去らしたる罪科寺入四十ニてハ甚だ軽く有之故、一二等加罪申付候共僉議次第、一定之法義ニかヽハり可泥儀ニあらざるなり

一筋骨打折、或両目眇ニ成し、或ハ胎を堕し、或致刃傷者ハ寺入三百日

一胎を堕し、其子療治日限内死し、或胎を受九十日過 人形罷成候を流産させ候ハヽ、胎を堕したる本罪可申付、○且限内母死し候ハヽ、子之生死無構喧嘩殺害律を以 可論

附、小産之子限外死し候ハヽ、他之故ニ依て死し 小産ニ付て死したるニあらず、且懐胎三ヶ月内ハ未人形不成故、小産之罪科不申付弥殴傷之本罪可申付、尤折傷以下之傷ならバ、前条折傷以下内損吐血ニ依て可論

一刃傷ハ人を殺すべき道具を以て傷其情意 兇悪之趣向有之故、刃物之大小、傷之軽重無差別、其法厳重ニして 罪科本文之通ニ候

廃疾 一手幷一足又ハ体を折、或一目瞎召成廃疾之片輪ニ成し候傷名

一肢体之骨を折跌、肢体折跌とハ、手足腰背等之関節たがひうしなハせ、常体之様聯属せしめず 縦令バ一手運動叶ハし免ず、或ハ一足履立し免ず、或体を挙動成らし免ず、或一目を瞎ニ成し、惣て廃疾之片輪召成者ハ寺入五百日、本文之通ニて軽重相応不致者ハ、罪科増減律見合僉議可有之、後条同断

篤疾両肢打折、或「両」目打禿し、或舌を断、或陰陽を破等篤疾之片輪ニ召成候傷名

一両目打禿し全く盲目ニ成し、或ハ両肢打折全く挙動不相叶、或ハ一手一足とも打折、或一目瞎ニ成候上一肢折候も同断 或依旧患一目禿たる者を今又一目打禿し、或一肢折たる者を今又一肢打折、尤現ニハ一目打禿し又ハ一肢打折たると雖も、其人ハ全く盲目全両肢不相叶篤疾之片輪ニ成 或舌を断 全く物をいはしめず 或陰陽を破 生育することもあたハず 者ハ流十年申付、猶又財物半分取揚、為養料可給之、婦人陰門打破生育之妨無之者ハ、財物可分与限ならず ○本文之通ニて軽く相見得者ハ、長遠流一世流ニても僉議次第

附、養料之儀、一定本文之法義を以難召行儀も有之候ハヽ、其期ニ至り何分ニも僉議之上可相渡、後条同断

一本文罪科流刑迄ニて相当仕候得共、篤疾ニ為被召成人ハ一世無用ニして生計不相達故、罪科之外養料として猶又財物半分分け与ふべし

喧嘩折擲通例之法条

一二人以上同謀ニて人を殴傷し候節ハ、首従無構縦令従者ニ而も重き傷を負せたる者を重罪申付、張本人ハ手を不出縦令手出し候共打擲軽く有之候ハ、重き傷を負せたる者より一等減べし

一同謀者之内、手を不出者ハ不応軽律を以可治罪

一同謀者より相手之人を殴て死ニ至らせ候時、手を不下者、幷不図同行之者、其期ニ至り謀計乍存不取止者ハ、喧嘩殺害律幷同行知有謀害律を以論各寺入九十日

一若相共ニ人を殴き傷皆穴所ならバ、後手を下し重き傷を負ハせたる者を重罪可申付

一致乱殴手を出したる先後之打擲軽重不知歟、或両人一同一人を打其傷同所、或両人一時ニ人之一目打禿し候節ハ、弥企之頭を張本ニ取、○臨時之争論ニて張本無之節ハ、先ニ手を出したる者を張本ニ取、先手難差分節ハ口論引出した

る者を張本とすべし、是皆事之変ニ臨て通論し、一定之法義を以可論議ニあらず

一人之両目を二人ニて一目宛一時ニ打禿したる時ハ、各一目を禿したる故、両人とも廃疾ニ召成したる罪科可申付候処、其人ハ両目被打禿、已ニ篤疾ニ至りたる故、張本人ハ前条篤疾之本罪流十年

一右同一人ハ先手を以一目打禿し、今一人ハ後又相残たる一目打禿し各一目先後打禿し候節ハ、先手之者ハ前条廃疾之本罪寺入五百日、後手を下したる者前条篤疾ニ召成したる本罪流十年、財物をも可分与之

一両人殴合、相互ニ廃疾之傷を受候ハヽ、老病以前之犯罪律見合両人共廃疾ニ依て贖申付候共僉議次第

一一時之闘論ニ依て互ニ殴合、各傷を受候時ハ、傷之軽重を以罪科相定、尤後手を出したる上勝義之者ハ、本罪より二等可減之、篤疾至らせ候ハヽ、縦令減罪するとも財物本法之通分け与へさすべし　〇且又凡人死ニ至らせたる歟、或兄姉伯叔等を殴候者ハ、縦令後手下したる上勝義成とも減罪無之、各本律を以可論、若情罪ニより各本律之通ニて相応不致者ハ僉議次第減罪ニ可申付

一二十日以下有服之親属打擲之節ハ、廿日以下有服之尊長を殴律を以論　減罪可有之

一甲乙両人殴合、甲ハ一目被打禿、乙ハ一歯打折られ候ハヽ、甲ハ傷重き故乙罪科寺入五百日、且乙ハ傷軽き故甲罪科寺入九十日、余ハ此例を以可論

但、若甲後ニ手を出したる上勝義ならバ、本罪寺入九十日より二等減寺入七十日、若勝義成共先手ならバ減罪無之　且乙後ニ手を出したる上勝義ならバ、本罪寺入五百日ゟ二等減寺入三百日、若負義ならバ後手を下したるとも減罪無之

条々

一前文之通律法相立候得共、情変ハ無際限故、一定本法之通ニて相応不致儀も可有之候間、其期ニ至り能々吟味之上増減可有之

一瘋病者人を傷候時ハ、過失律条ニ見合贖可申付

療治日限人を擲き傷を負せたる者ハ、其傷療養申付、平復させ候ハヾ、其罪寛減する之科律

此条ハ人を殴て傷を付たる者へ其傷療養申付、平復させ候ハヽ、其罪寛減する之科律也、扨其傷を療養させるハ、其身之罪を養ハせ候筋合ニ而、前ニハ打擲之罪あるといへども、後ニハ療治之詮相立限内全く本復させ候ハヽ、其功有之故其罪寛減、若限内平復せざる時ハ、夫々之罪科ニ可処律法也

一喧嘩打擲ニ依て傷を負、其段申出有之候ハヽ、則役々差寄傷之軽重幷手足木刀刃物傷等之分け慥ニ見届、傷を負たる時刻等ニ至り明白ニ書記殴きたる犯人へ後条之通限を立療治申付、年月差引律見合限内平復せざる時ハ、左条見合に依て論喧嘩打擲律傷之軽重を以其咎申付、若限内破傷風等之類ニ成其傷ニ依て死し候ハヽ、喧嘩殺害律内喧嘩打擲ニ依て殴殺したる律を以可論、限内平復する時ハ、左条之通減罪

一折傷以上之傷ハ養生相叶限内本復させ候ハヽ、本罪より二等可減之、後手を出したる上勝義之者ハ、喧嘩打擲律法二等減、又此条本復ニ依て二等減時ハ本罪之上よりハ四等可減之

附、折傷以下之傷ハ本より痊易き故、限内平復したるとも減罪無之、然処折傷以上之傷ニも歯を折指を折たるハ絶命ニかゝる程之障ハ無之、且折傷以下之傷ニも内損吐血幷青赤打ほこらかせたるハ、尤軽き傷とハ申ながら、折処により穴所ならバ絶命にも可及、然るニ折傷以上之罪を重じ減法有之候儀、残廃之片輪ニ可成者を平復させ其功有之故、其罪も寛減「可」有之

一本文傷験見之義、田舎ハ検者小与目其外役々立合見届、一紙書を以披露書一同差出候ハ、前後律条之通其首尾可有之

一限外又ハ限内成共其傷平復其首尾承届問付書等相調候後、破傷風等の類ニよらず別病ニ依て死候ハヽ、喧嘩打擲律ニ依て傷之軽重を以之傷罪全

罪可申付、是死罪之返罪申付る律ニあらず

一限内平復すと雖も、一肢折たる歟、一目瞎たる歟抔ニて廃疾之片輪ニ成、或両肢折たる歟、両目瞎たる歟抔ニ而篤疾之片輪成候ハヽ、肢体欠損し一世無用ニ成たる故療治之功を引て減罪無之、○且限外ニ至り平復せずして死し候ハヽ、各喧嘩打擲律ニ依て論傷之軽重を以治罪すべし、是其傷ニ依て死たれ共限内ニ不死、限外ニ至り死したる故、喧嘩殺害律を以ハ不論、傷罪之全科可申なり

療治日限左記

一日数二十日　手足幷木刀抔之他物ニて軽き傷療治日限

一日数三十日　刃物幷沸湯又ハ火抔之傷療治日限

一日数五十日　肢体折跌幷骨を破り、又ハ小産させ候類之療治日限

一傷を負ハせたる時刻より刻数取立、縦令日限次日ニ移り候共、日限日数之惣時満候迄ハ限内、惣時過候ハヽ、限外也、委く年月差引律見合可論

一本文限内死し候節、定限之通ニてハ日数多く、何歟相応不致儀も有之候ハヽ、各定限半減ニても其期ニ到て僉議可有之

条々

一痛手を負起ふしも不罷成者を、役所へかたげ出し入験見候儀禁止、若令違犯かたげ出し候者ハ不応軽律を以可議罪

一若かたげ出し候迚、傷再発させ候者ハ不応重律を以可議罪

一験見不実之廉有之役々ハ、不応律を以可議罪

一若療治日限平復せず限外死し候ハヽ、定法之通傷罪可申付候得共、若情節ニより定法之通ニて難差通者も有之候ハヽ、罪科増減

律見合　加減有之候共僉議次第

一傷を負せたる者間柄之者ならバ、親属殺傷之諸条見合各律条を以可論

任威力人を責威力を以て人へ申付責させ、或擅那之威を仮責候者科律込る

一何卒之儀ニ付争論有之、其訳訴出候ハ、、公所より是非裁断可有之、若訴訟不申出任威力自儘縛付、或於私家拷問打擲込る或牢込等召行、非法之働有之者ハ傷不傷も無構寺入五十日、○若傷重く内損吐血以上ニ至らせ候者ハ、喧嘩打擲律を以論二等加へ流十年迄、○右ニ付絶命させ候者ハ、威力之気ニ乗じ兇暴之所犯候得共、本より殺害之宿意ニてハ無之故僉議次第、死罪ニて重く有之者ハ、一世流以下減下候共僉議次第

但、本文之責ニかぎらず、飢寒苦痛ニ絶命させ候も同断

一威力を以他人へ申付右同断非法ニ召扱せ絶命又ハ傷を負させ候ハ、、威力之人を張本ニ取、下知を受手を下し候人ハ本意可打擲心入無之、下知難相背無是非手を下し候故従者ニして威力之人より一等可減

一威力を以数人へ申付、一人非法ニ召扱せ絶命又ハ傷を負させ候ハ、、手を下し重き傷負せ候者を従者ニ取、其余ハ喧嘩殺害律内一同擲候余人同前ニ論じ、若非去ニ被召扱候人致自滅候節ハ死罪之返罪不申付、前条本律を以論流十年迄ニ召止べし、若自滅之人重き傷を負せ又ハ廃篤疾ニ召成流十年ニて軽く相見得候者ハ、長き遠流申付候共僉議次第

附、下知難相背其場立寄候共抑手を不下者ハ、一同擲候余人とハ不同故、不応律を以可治罪

一家長より子弟下人等へ申付、非法打擲絶命又ハ傷を負させ候者ハ、家長を以張本ニ取、手を下し候子弟等ハ従者ニ取、抑手を不下者ハ不及沙汰、是前条余人之法とハ訳相替候

条々

一檀那之威勢を仮り、前条之所犯有之候ハヽ、当人ハ前文之通論じ檀那ハ不応律を以可議罪、尤与力勤随被召付候方ハ、与力勤随へ其咎申付

但、檀那遠所差越、其訳不存者ハ不及沙汰、若在家ニて候共、右躰何歟可宥情合者ハ僉議次第罪科宥免

一前条ヶ条非法之働ニ逢、披露申出候を取揚糺方不致役々ハ、訴状不取揚律条見合可論、諸間切諸島在番検者等も此例を以可論

一前条之罪科贖分引替可致相応者ハ、贖分法条見合贖申付、非法ニ被召扱候人へ被下候共僉議次第

廿日以下有服之尊長を殴

此条ハ二十日以下有服之親属を殴者之罪を定る、偖二十日有服之尊卑親属甚多し、悉く難書加故各服制見合相糺可議罪、乍去一定服制ニよらざるも有之、腰書之通別ニ本律有之候間、是等之者どもハ各本律ニ依て可議罪

一外祖父母ハ十日之喪服たりと雖も、我を生たる母を生其恩義尤重き故、二十五日有服之尊長を殴律内兄姉を殴罪ニ一等加ふ、尤嫡母継母之父母等ハ直母之父母ハ不同故右之例を以ハ不論候間、其期ニ臨て僉議次第可有之

附、妻妾殴夫親属律内夫之親属を相殴犯罪ハ、服制にかゝわらずをのづから本律ニ依て可科断

一人之跡目を継者、又ハ出嫁之女伯叔兄姉以下を殴時ハ、尊卑を不分均しく降服を「以」可論

一卑幼本宗外戚五日有服之兄姉を殴者ハ、内損吐血以下ハ軽重無差引只殴時ハ則寺入九十日、○十日有服之兄姉ハ百日、○二十日有服之兄姉ハ二百日、○各尊属ニハ又各一等加ふべし、本文之通り重過難召行儀も有之候ハヽ減下げ候共僉議次第、後条同断

一本文五日有服之兄姉ハ三従兄姉幷出嫁又従姉外戚之従兄姉、○且十日有服之兄姉ハ又従兄姉幷出嫁之従姉、○且二十日有服之兄姉ハ本宗之従兄姉幷出嫁之姉也、是ハ皆我と同列之歳兄なり○且五日有服之尊属とハ曽祖伯叔父幷曽祖伯叔母従伯叔祖父幷従伯叔祖母

又従伯叔父幷又従伯叔母、○且十日有服之尊属とハ伯叔祖父幷伯叔祖母従伯叔父幷従伯叔母母方之伯叔父幷伯叔母、○且二十日有服之尊属とハ出嫁之伯叔母也、是ハ皆祖父之同列なる故、尊属と云なり

一右同折傷以上之傷を付、是ハ廃疾迄る、喧嘩打擲律を以論凡罪之上ニ各一等加へ流十年ニ可召止

一五日有服之兄姉ニハ凡罪之上ニ一等加へ、寺入百日以上流六年、余ハ此例を以可論○且十日有服之兄姉ニハ凡罪之上ニ二等加へ、○且二十日有服之兄姉ニハ凡罪之上ニ三等加へ、○且五日有服之尊属ニハ凡罪之上ニ二等加へ、○且十日有服之尊属ニハ凡罪之上ニ三等加へ、○且二十日有服之尊属ニハ凡罪之上ニ四等加へべし

一右同篤疾之片輪ニ成し候ハヽ、二十日以下有服之尊属を不分各一世流、○絶命させ候ハヽ、故殺も同断各斬罪

一本宗外戚之尊長廿日以下有服之卑幼打擲、折傷ニあらざれバ沙汰なし折傷以上廃疾篤疾之片輪ニ成し候ハヽ、喧嘩打擲律を以論五日有服之卑幼ニハ凡人打擲之罪科より一等減し、○十日有服之卑幼ニハ二等減し、○二十日有服之卑幼ニハ三等減し、篤疾之片輪ニ召成候者ハ、猶又家財半分取揚為養料可給之○絶命させ候ハヽ、故殺も同断喪服之軽重不分僉議次第一世流

一前文廿日以下尊卑之中、廿日有服之従弟幷未だ出嫁せざる従妹、且十日有服之従甥、且五日有服之甥孫も前文卑幼喪服同断たりと雖も尤親しき故、篤疾迄ハ前文卑幼打擲之罪科同断打殺候節ハ、余之卑幼同前一世流ニハ不加入流十年、故殺し候ハヽ、僉議次第一世流、篤疾之片輪成し「候」者ハ前文同断減罪、猶家財半分為養料給之、尤二十五日有服之尊長を殴律内之通篤疾ニ打至らせ候者沙汰なしに差通間敷候

一兄之妻幷伯叔父之妻、弟之妻、卑幼之妻打擲之罪ハ妻妾殴夫親属律ニ相見候且甥姪同孫打擲之罪ハ二十五日有服之尊長を殴律ニ相見へ候故此条ニ略之

一前文養料之儀、一定本文之法義を以難召行儀も有之候ハヽ、其期ニ至り何分ニも僉議之上可相減

条々

一前文尊卑長幼之差分を以科定相立候得共、何卒之訳ニより定法之通難召行儀も有之候ハヽ、僉議次第増減可有之

二十五日有服之尊長を殴

此条ハ廿五日有服之尊卑差分け各打擲之軽重を以罪を定る律定也、尤廿日以下有服之尊長を殴律通例之律条なる故彼是見合可論、殴罪ハ喧嘩打擲律本ニして差引可有之故彼条見合可通論

一弟妹として兄姉を殴者ハ、只殴時ハ縦令傷を付ざるとも則寺入四百日、〇折傷以下之傷を付る者ハ、青赤之腫傷以上内損吐血至り寺入五百日、〇折傷以上之傷を付る者ハ、一歯以上折幷肋骨を折、両目眇、流産以下流十年、〇刃傷ハ人を殺す之器を以輙兄姉を傷、悪逆尤甚しき故軽重不論、且一肢折、一目瞎候歟、幷両肢両目瞎候類之傷を付廃篤疾ニ成候者ハ、折傷中之尤重傷なる故一世流、以上首従差分可論〇絶命さす者ハ、首従不分皆共斬罪、若科定之通ニ而軽重相応不致情罪も有之候ハヽ、無本条犯罪僉議律罪科増減律又ハ条々をも見合、僉議之上増減可有之〇後条同断

一喧嘩打擲律法ハ従者なりとも手を下す者を重罪ニ処し、張本人ハ手を下す者より一等減す、此条若弟妹又ハ服属不同之別親幷他人一同兄姉を殴一目を瞎候節、弟妹も手を下す時ハ、則本文之通一世流、且他人ハ喧嘩打擲律を以論寺入五百日、従者ハ一等減四百日、且別親ハ服制幷親属殴傷之諸条見合可得罪処是亦従者ハ一等減〇余ハ此例を以推し可論

一甥姪として廿五日有服之尊長伯叔父其妻幷伯叔母を殴、且外孫より外祖父母を殴候ハヽ、是廿日之服者たりと雖も、其恩義本宗之伯叔父母同断重き故各前条兄姉を殴罪ニ一等可加之、以上ハ各首従差分又ハ定法之通一世流ニハ不加入〇刃傷又ハ廃篤疾ニ成候者ハ一世流、以上各首従差分可論〇絶命させ「候」者ハ首従不分皆共斬罪

一本文一等之加罪、只殴ニて傷を不付時ハ寺入五百日、〇折傷以下之傷ニハ流六年、〇折傷以上之傷ニハ流十年ニ召止、一世流ニハ不加入〇刃傷幷廃篤疾以上之傷ハ本文同断

一外祖母離別又ハ改嫁するとも、わが母を生たる祖母ニて其恩義ハ滅亡不罷成儀ニ候故本文同断、○且嫡母継母之母茂直母之母同断　廿日服忌たりと雖も、是ハ義服ニて直母之母とハ恩義不同故、本文加罪之例ニあらず、其期ニ臨みて僉議可有之

一前文箇条過失を以兄姉幷伯叔父其妻又ハ伯叔母外祖父母を殺し傷者ハ、各本罪より二等減し其咎申付、過失律を以て論じ贖分引替之限ニあらず

一本文折傷以下之傷ニハ、弟妹ハ本罪寺入五百日より二等減寺入三百日、且甥姪外孫等ハ本罪流六年より二等減寺入四百日、○折傷以上流産以下之傷ニハ、弟妹甥姪外孫等ハ本罪流十年より二等減各寺入四百日、○絶命さす時ハ、各本罪斬罪より二等減寺入五百日、刃傷幷廃篤疾之傷ニハ、本罪一世流より二等減寺入四百日

一前文箇条謀殺故殺時ハ、弟妹甥姪外孫等首従不分皆共簱引せ斬罪、若簱引斬罪ニて情罪軽く相見へ候者ハ、簱引ハ付申候共僉議次第○若服属不同之別親幷他人一同殴絶命幷故殺時ハ、おのづから各本律ニ依て論皆共斬罪、皆共簱引斬罪之限ニあらず

一兄姉より弟妹を殴、○且伯叔父幷伯叔母より甥姪幷甥孫を殴、○且外祖父母より外孫を殴、絶命させ候ハヽ、寺入五百日、○故殺時ハ流六年、過失して殺時ハ恩義共ニ重故皆共不及沙汰

附、尊卑長幼之名分を以、本文之通罪科相立候得共、情罪ニより余り軽く相見得候者ハ、加罪申付候共僉議次第、後条同断

一甥孫ハ十日有服之間柄なれ共、兄弟之孫ニて喪服同等之卑幼之内其分尊く情意茂親敷有之故、本文廿五日有服之内ニ込る、○且伯叔父之妻より甥幷甥孫を殴候罪ハ、別律妻妾夫之親属相殴律相見得候故、本文略之

条々

一尊長より卑幼を可戒と理筋ニ依て殴候歟、或何歟ニ付互に殴合、不意打傷篤疾召成候共不及沙汰、○若何歟欝憤ニ

依て兄姉より弟妹を故殴篤疾ニ召成候ハヽ、前条兄姉より弟妹故殺流六年之上より一等減寺入五百日、○且伯叔父其妻幷伯叔母外祖父母より甥姪同孫外孫を故殴篤疾召成候ハヽ、是亦前条甥姪同孫外孫殴殺寺入五百日より減寺入四百日、○且財物奪取所巧歟、或平日不睦、或讐憤ニ依て兇器を以故致殺害候ハヽ、一世流申付候共僉議次第

附、兇器を以故殺候節ハ、財物半分取揚、被殺候家内へ養料として可給之

一卑幼廿五日有服之尊長を刃物ニて可打殺与兇悪之所犯於有之ハ、縦令不傷付候共前文本律之上ニ加罪する共僉議次第、刃物之外之兇器ならハ一定此例を不用

悪口 凡人悪口罵詈之科律

此条ハ非礼を禁じて闘争之漸を塞、尤悪口ハ相互ニ争論増長して喧嘩打擲之基なるゆへ禁之也

条々

一人を罵悪口する者ハ寺入五日、○互相罵者も悪口之先後幷罵詈穢悪之軽重も不分皆共一同各寺入五日

一何歟ニ付本律之通ニて難差通情罪茂有之候ハヽ、加減するとも其時之僉議次第

尊長を罵祖父母同列之尊属幷我身同列之兄姉等之歳兄之方ニ対して悪口する卑幼等之科律

一本宗外戚五日有服之兄姉を罵詈悪口之非礼於有之ハ寺入三十日、○十日有服之兄姉ニハ寺入四十日、○二十日有服之兄姉ニハ寺入五十日、五日十日二十日有服之尊属ニハ、各一等加ふべし○二十五日有服之兄姉ニハ寺入八十日、○伯叔父幷其妻伯叔母外祖父母ニハ、兄姉を罵罪寺入八十日各一等可加之、尤親属之非分可隠情理にて恩義之為掩隠し致勘忍披露せざるも可有之故各自身より訟出候ハヽ、取揚可議罪、別人より披露する共、軽々しく取揚間敷候

附、本罪之通ニて軽重相当不致情犯も有之候ハヽ、僉議次第増減可有之

条々

一出嫁之伯叔母并同姉を罵る甥姪弟妹ハ、各二十日有服之尊属ニ依て論じ、○且妻之父母罵る婿ハ、五日有服之尊属ニ依て論じ、各一等加へ可議罪

一、兄之妻を罵る弟妹ハ、妻妾夫之親属を殴律内、兄之妻を殴罪ニ比し照し凡人ニ一等加へ可議罪

附、本文之通ニて軽く相見得候者ハ、不応重律を以可議罪

琉球科律　巻之十二　訴訟

訴訟

一落書
一訴状不取揚
一訴訟取捌辞退
一名義を犯

落書 落書人并落書取揚候者共科律

此条ハ人之非分取立致落書者ハ国土之妨たる故、落書したる者を始取揚候者ニ至り、律法を立陰謀奸悪をやむる法義申述る

一落書可致陰謀ニて、人之陰密なる非分書あらハし、自分之名前を不書記、或ハ他之名前を仮り公所へ投出し、或街抔へ張付、人を罪科ニ陥させんと陰謀奸悪之所巧有之者ハ、其本意其人を罪ニ入、其身ハ其事ニ不掛様ニとの宿意甚陰悪なる故縦令落書之通、実事たりと雖も流十年、一定流十年ニかぎらず、落書之情合軽重ニ応じ流四年迄減罪可申付

一本意人を罪ニ陥させんと陰悪之奸謀無之、当座之怒ニ何卒不事立、非分を与所へ告知せんとの思迄ニて致落書、本文之情罪ニ比しがたく情合軽き者ハ不応律を以論候共僉議次第

一逢落書候人ハ実落書之通非分有之候共、専落書之陰悪可取止儀大切成る故不及沙汰

一落書見付候者ハ則可焼捨、若不焼捨公所へ取出者ハ他之非分可取揚心躰なる故寺入四十日、若無筆算歟又ハ無案内者ならバ不応軽律を以論、減罪歟又ハ全く有免歟、其時之僉議次第

一落書取揚候役々ハ、奸悪を免所行故寺入六十日

一平日之悪口罵之言語ニかゝり、又ハ他之非分取立、自分之名前無之書通所持有之候共、公所へ投出し又ハ晴所へ報付落書可致証拠明白ならざる類ハ、此律ニ不可処

一落書張付又ハ公所江投出し候折、落書人落書ともニとらへ出者ハ、賞分百貫文可給之、何様品物ニても其時之見合次第

一落書人之儀露顕難致陰謀者を捕出候故可賞之、且又必落書人落書共ニ捕出候を可褒賞儀、其締無之候て不叶儀ニ候、縦令バ落書為致者ハ不捕出、其人何某と人指を以申出候共落書計り取出し候を取揚候ハヽ、何卒遺恨有之候人之所為と可申偽儀も有之、夫故落書計り取出候者ハ前条之通罪科ニかかる法義も有之専其弊を為可防、必落書人落書共ニ捕出候得バ可賞之

条々

一国家政務之補助ニ可相成存寄有之候ハヽ、聊無遠慮自分之名前を以可差出儀不苦、○縦令無用申立ニて候共、忠心より出たる故沙汰ニ不及、尤申出之詮相立、政事之補佐ニ相成候儀有之候ハヽ、見合次第可賞之

一国家之政務を不知何卒之宿意を懐、自分之姓名不書顕猥ニ政事を誹り致落書者ハ、陰悪甚しき故前条本律見合可議罪

訴状不取揚　訴状取揚不取揚法義、幷取下げ方又ハ糺方等之法義、幷違犯之役々科律込る

此条ハ可取揚訴状を不取揚職事忘却之職役人を戒、民之陰情を令演達律条也、若親属縁者ニかかりたる訴訟事ならバ、訴訟取捌辞退律見合遠慮「可有」之

附、此条訴状取揚方之惣法義ニかゝると雖も、一定此条にかぎらず、縦令賦役不均律幷検踏災傷田糧律等夫遣親疎作毛見立方等之所犯、其外各本条ニ訴状取揚方之法義有之律条ハ、弥本条ニ依て科断すべし、此条糺明之法義も相込候得共、是亦此条ニ不限、夫々之本律有之候間、各本律見合可論

一謀反叛逆之企有之段披露申出候を即時ニ取揚、捕出し方等其取計無之役々ハ、未何卒之故障出来無之候共寺入五百日、○右ニ付衆人を集賊勢増長して乱を発し、或役所打破、幷人民を劫させ候ハヽ、一世流、若情犯ニより、本律之通ニ而軽重相応不致者ハ、罪科増減律見合加減可有之○後文ヶ条同断

一悪逆を企、祖父母父母を殺さんと謀りたる類之披露是則天倫を滅し絶たる無道なるを取揚、其取計無之役々ハ寺入八十日

一人殺幷強盗之披露即其害人命ニかゝり禍を及一家儀なるを取揚、其取計無之役々ハ寺入六十日

一喧嘩打擲幷婚姻田地財物入組等之類披露是訴人ハ害を受、犯人ハ其罪有之候を取揚、其取計無之役々ハ本犯人之罪より二等減、寺入六十日迄ニ可召止

一田舎之者何卒之糺方有之節、於在所相糺不申候て不叶訳有之者ハ其訳遂披露、尤訴人犯人両間切之者ならバ犯人之在所へ差越可相糺

一事を犯したる所ハ、証拠等之便り能可有之故本文之通なり、若犯人之在所遼之遠所歟、其外訳ニより訴人之在所ニて相糺便能有之者ハ、其時之見合次第

附、役々相糺相応可致儀ハ弥其通、若役々迄ニて相応不致為重立糺方ならバ、平等之側吟味役へも差越候共、其時之吟味次第

一役人等可取揚訴状を取揚ざる歟、或糺相遂たるも正道無之、其訳奉行人へ訴出候を何歟ニ事寄取揚ざる歟、或取揚候共最初之問元へ再糺為致候ハヽ、先非可掩隠情犯有之各訴状取揚ざるも同前なる故、前文夫々之本律見合可論

一前文箇条賄を受る情弊有之者ハ、前条本律弁法を枉律引くらべ重を以可論

条々

一万訴訟事之儀、内々ニてハ一着不相遂、是非難黙止居公裁ニかゝり宿意相遂度願意ニて訴出候を無謂於「不」取揚ハ、却て非理之所行ども出来風俗之妨可相成基ニ候間、役々僉議之上、取揚候共相返候共則平等之側吟味役入再評首尾方可有之、○若何歟ニ事寄可取揚訴状を相返し、且可相返訴状を取揚非法之所犯於有之ハ、前条夫々之本律弁同僚公罪を犯律見合可治罪、本文取揚又ハ不取揚法義相当候共、其訳ニより一決致がたき儀有之候ハヽ、時宜次第遂披露首尾方可有之

一人殺幷盗賊喧嘩打擲犯姦等之類ハ、直ニひら方取揚夫々之律条見合可論

一謀書謀判其外偽之方便を以他之財物だまし取る類之訴状も、本文同断平等所へ取揚公私之財物だまし取律、又ハ財物入組之諸条見合可論

一借物律内質物之地方偽て叶懸高申重メ分（金カ）主をだまし、或借渡物無利ニして可請取相語相遂、本分返弁請取終ニ利分可相納由致異変借主をだまし、且預物律内預物不返渡或旅地下之届物幷売買物等致不首尾類之者ハ、謀書謀判ニ属し候故本文同断

一借渡物返限致相違候迚、借主之財物致押取者ハ、強暴之働なる故本文同断直ニ平等所へ取揚、借物律内押取之律条見合可論

但、三行訴人自分之勝手能様実等敷《らしく》申出、実否明白ならざる事も可有之候間、此等之儀ハ差帰与親類書面返答取添差出候ハヽ、可取揚

一財物入組等之細事ハ、公裁ニ不懸様一門親類与中へ申出先方一門親類与中へ相語為致、兎角之訳書面を以返答承届埒明不申候ハヽ、往復之諸書付取添犯人噯元之役所へ可訴出、左候得バ各噯元之於役所糾方可有之、若何歟難糺付訳有之、其訳遂披露ひら方へ問合有之候得バ、法様之通糺方可有之

一噯元首里三平等ハ大与坐、○那覇四町ハ親見世、久米村ハ長吏、○泊村ハ頭取、○諸間切ハ各番所、○寺院ハ寺社坐、若訴人犯人噯元相替、縦令バ訴人ハ町方、犯人ハ田舎寺院ならバ、番所幷寺社坐へ可訴出、余ハ准之可論

一親属与中何歟ニ事寄書付不請取歟、或返答延引歟、其外右躰之所犯有之候ハヽ、其段各曖元之役々へ可申出、左候ハヽ、屹度返答有之候様、曖元より親属与中へ可申渡、若乍此上其首尾無之候ハヽ、則前条本律を以可議罪

附、曖元之役々右之所犯有之候ハヽ、直ニ平等所へ可申出、且平等方右之所犯有之候ハヽ、直ニ表方へ可申出

一右同諸間切ハヽ、可承役々次書之上惣じて両惣地頭次書申受可差出、乍去何卒之急事歟、又ハ直ニ可差出儀ならバ時宜次第直ニ可差出

一取揚候訴状之内、士方係合有之訴書ハ、軽罪ニ可処訴状ニても遂披露、無系之者ハ披露不及平等之側吟味役可承届、乍去流刑以上ニ可処重罪ならバ無系之ニても遂披露、各一帳書載、平等之側吟味役之間行印大屋子致手配、糺明相済次第平等之側吟味役之間行印ニ而可消之、本文訴状遂披露候法義、士無系之差分有之候得共、情合ニより一定其通難召行儀も有之候ハヽ、其時之僉議次第○若年中糺残有之候ハヽ、年末取〆、何々之訴状何某ニ存之内糺残有之段一紙書を以月番之三司官へ首尾可申出、○若遅延有之取漏し、職事忘却之情犯有之者ハ、前条本律并不応律を以論じ情罪次第軽重差分ヶ可議罪

一訴訟申出候後、双方和語訴状取下之願申出る者ハ、先非懲改之心発し出たる故、僉議之上たとひ遂披露置候共、犯罪自訟律同断其訳申出相下げさすべし、跡々走込を以取下げ之願申出る例ニ候処向後走込ニ不及、直ニ相下げさすべし

一糺取付候後相下げさせ候而ハ、公法緩々しく相応不致故、軽々敷相下げさせ間敷候、若訳ニより相下げさせ相応可致情節も有之候ハヽ、何ぞ之越度問出し置候共、時宜次第相下げさすべし

一財物入組之儀、専借状証文を以取遣可致法義なるを、当日任心安借状なしニ借渡、年月経過不明之訴訟申出候共取揚間敷候、若借状無之候共、慥成証跡有之歟、其外何歟取揚べき訳筋有之者取揚候とも、其時之吟味次第

一借渡物限之通首尾方可致術無之延之断有之、不便之訳を以可差延節借主子孫口入人延証文を取可差延、若当日心安取合有之候とて延証文不取、子孫之代ニ至り返弁済借状帰候後とも分明決断不相成故取揚間敷候、若延証文無之候共、慥成証跡有之歟、其外何歟可取揚訳筋有之者可取揚候共、其時之僉議次第

訴訟取捌辞退親族縁者并仇怨有之者之訴訟ハ取捌辞退可致法義、又ハ違犯之役々科律込る

此条ハ訴訟之内、親族縁者并仇怨有之者あらバ、取捌辞退可致義申述候、是等親族縁者之為ニハ、私之任情意公理ニ悖、且仇怨有之者之為ニハ、公事を借り私之仇を可報凡情尤可慎、且他之嫌疑を遠け、私之弊を可辞法義也

一訴人并逢披露候者、有服之親族并婚姻之両家、或師弟或仇怨有之者ニかゝハらバ、其訳申出取捌辞退可有之、若令違犯取捌仕候役々ハ、縦令罪科増減無之候共寺入廿日、若仇怨又ハ親族縁者之為罪科増減於有之ハ、罪科出入律内故人罪差入律を以可論

一烏帽子親并養親之類も本文同断

一有服之外婚家之下人等并取合親敷凡人等之内、定席召止ニ不及間柄ニ而も、其時之吟味次第「間元」ハ遠慮可有之

名義を犯尊長并檀那之非分取立訴人ニ出る卑幼家来等ハ其罪ニ入、尊長檀那ハ罪科免減、且卑幼を披露する時ハ相共ニ罪科免減、又ハ謀反叛逆并我身ニかゝる所犯ハ、縦令尊長檀那を披露するとも名義犯限ニ非ざる科律込る

此条ハ親族之非分取立訴人する者之通法を定、尤尊卑之名義を犯したるを重んじ、律目名義を犯と名付、されバ祖父母父母又ハ夫并夫之祖父母父母等名分恩義尤尊く至て重く、縦令過悪あると雖も、子孫妻妾たる者ハ随分可取隠義情なる故、却て其罪を取立披露しる情犯於有之ハ、倫理を滅絶ゆへニ、訴人したる卑幼等ハ則名義を犯罪ニ処し、披露ニ逢たる尊長等ハ其罪免減し、専尊卑之名分を可正律条也

一親族非分取隠律并犯罪自訟律ハ此条と義情連類したる故、彼是見合可通論、誣告律并此条を懸合之法義有之ゆへ見合可論

一子孫と「〆」曽玄男女込る祖父母高曽込る父母之所犯、又ハ妻妾と「〆」夫并夫之祖父母父母之罪を取立披露する者は、倫理ニ背く、縦令訟出之通

り実を得ると雖も寺入五百日、且祖親等ハ犯罪自訟律内親属より佗訟帰法を以罪科宥免、若誣訴ならバ数ケ条全く不誣其内一事ニても誣有之者ハ一世流ニ
処すべし、若本文之通ニ而軽重相当不致情犯も有之候ハヽ、僉議次第増減可有之、後条同断
一廿五日有服之尊長幷外祖父母又ハ妾ゟ正妻之非分取立披露する者、是又名義ニかゝりたるゆへ縦令訟出之通り実義成とも寺入五十日、○廿日有
服之尊長ニハ四十日、○十日有服之尊長ニハ三十日、○五日有服之尊長幷妻之父母ニハ廿日たるべし
一披露ニ逢たる尊長等之内、廿五日廿日有服之尊長幷外祖父母又ハ妻之父母夫之正妻ハ、犯罪自訟律を以て罪科宥免、○十
日十五日有服之尊長ハ本罪より三等減すべし、無服之尊長も犯罪自訟律同断一等可減
一誣訴ならバ誣告律見合名義を犯本罪引くらべ、誣罪重き者ハ凡人同断各誣罪ニ三等加うべし、○若本罪より誣罪軽く、或ハ同
等ならバ、本罪ニ依て科断すべし
但、凡人同断三等加れバ軽を不失、○且誣訴之現罪ニ加へ、凡人加罪之上、又ハ尊長減罪之上ニハ不加之、○
且加罪ハ定法之通一世流ニハ不加入、○且寺入流刑支配済候後露顕可致正節失墜料弁償方、又ハ死罪ニ誣訴未死
配無之内露顕誣訴人流刑ニ減下候差引方等之類も、誣告律見合首尾方可有之、後条誣告律同断
一前文ケ条之尊長等謀反叛逆之所犯ハ、則国家之大義かかりたるゆへ、恩を以義を掩ふべからず、親敷者之間ニも諱問敷儀ニ而子孫妻妾卑幼等披露するとも、名義
を犯限ニあらず
一嫡母継母より実父を殺も本文同断、○且実母より実父を殺も天ハ尊し地ハ卑し故ニ父を重じ本文同断、○且養父母より実父母を
殺も則父母之仇なるゆへ本文同断
一廿五日以下有服之尊長ニ祖父母除財物被掠取、又ハ其身被殴傷犯罪も、則我身我家之禍情意ニも難忍故本文同断
一披露ニ逢たる尊長等夫々之本律を以致科断、上文本律幷自訟を以罪を免るゝ之律ニあらず、尊長より卑幼披露するも同断○謀反叛逆之者親属より佗言申し出候

時ハ、謀反律幷犯罪自訟律内罪科有免之法義有之候間見合可有之

一犯姦幷人を殴傷し、且賠償不罷成物破却せしむる者も、犯罪自訟律見合尊長等罪科有免無之

一廿五日以下有服之尊長より卑幼之所犯披露、訟出之通実成共廿五日廿日有服之卑幼妻妾子孫外孫込る又ハ壻も喪服より義情重き故、犯罪自訟律内親属之罪を佗訟ふ法を以罪科有免、〇十日五日有服之卑幼ハ、訴られたる本罪より三等減之、無服之親も犯罪自訟律を以減すべし〇披露したる尊長等ハ不及沙汰ニ

一誣訴ニ而可反坐所犯ならバ、誣告律見合廿五日有限之尊長ハ誣罪より三等減、夫ゟ妻を誣訴又ハ正妻ゟ妾を誣訴する茂同断〇廿日有服之尊長ハ二等減し、十日五日有服之尊長ハ一等可減之、妻之父母ハ五日有服尊長同断可論

一下人下女より檀那又ハ檀那五日以上有服之尊卑之親属等之罪を披露する者ハ、前条子孫卑幼より尊長之罪を披露する律同断、縦令訟出之通実なりとも檀那ニハ寺入五百日、〇檀那廿五日有服之親属ニハ五十日、〇廿日有服之親属ニハ四十日、〇十日有服之親属ニハ三十日、〇五日有服之親属ニハ廿日、家来ハ下人下女之罪より一等可減之

一檀那ニ対し誣訴あらバ、前条子孫より祖父母父母等誣訴之罪同断、〇檀那廿五日以上有服之親属を誣訴する時も、前条卑幼より廿五日以下有服之尊長誣訴之罪同断、〇家来も下人下女同断論、本文之通減罪無之

一檀那より下人下女家来共之犯罪佗言申し候共、親属非分取隠律を以下人家来等免罪無之

一祖父母父母より子孫幷子孫之妻妾を誣訴、〇且外祖父母より外孫を誣訴、〇且夫より妾を誣訴、〇且檀那より下人下女家来共を誣訴する共、各名義尊重なる反坐之不及沙汰、此条妾之父母より聟を誣訴すると言ハざるハ、前条五日有服之卑幼を誣訴するヶ条ニ込る故略之

附、流刑以上之重罪致誣訟、無罪ニて相応不致節ハ、不応律を以罪科申付候共僉議次第

一壻妻之父母又ハ夫妻江果して義絶之情犯有之者ハ、相互ニ何卒之所犯披露可致儀許容、夫婦ハ義を以会合之結縁ニ而、則義絶之時ハ凡人なる故凡人

同断可論、是名義を犯幷犯罪自訟律を以罪を免るゝの限ニあらず

一義絶とハ出妻律内遠所へ差越居候迚、妻之父母より女改嫁させ、且逐壻嫁女律内壻を追「出」して重て壻を取、○且妻妾殴夫律内妻を殴て折傷ニ至らせ、且縱容妻妾犯姦律内妻を押へ他へ通姦させ、且妻妾失序律内妻罷在ながら妻なしと偽り欺き妾ニ妻を迎へ、又ハ妻を妾ニ召貶、且典雇妻律妻妾賃分を以暫他之妻妾ニ成、又ハ妻妾之姉妹と云て他へ嫁させ候類也、妻妾相殴く首尾方ハ、夫殴死有罪妻妾律等も見合可有之

一無服之親しきハ名義を犯すといふ事なし、若相互ニ何卒之所犯披露する時ハ、犯罪自訟律て以僉議可有之

一前文本律子孫卑幼等軽き寺入之訴人歟、或愚昧者歟、或心得違歟抔ニ而、卑幼等名義を犯す本罪寺入五百日以下ニ而不致相応者ハ、増減するとも僉議次第

琉球科律　巻之十三　受贓

受贓

一法を曲法を不曲
一贓坐
一賄受納之約束
一賄を遣内意
一於曖所財利を貪

法を曲（職役人賄を受公法曲行律名）
法を不曲（職役人賄を受公法不曲行律名）

此条ハ専（職役人等）貪慾を懲、公法をつゝしみ、曲行なからしめん本旨也、尤律明条あり是を法と言、又法義出入するを曲と云、扨て何卒之事「ニ」依て、他之財を受理ニ逆公法曲行するを、法を曲る之贓とす、財を受るといへども、公法を不曲行を、法を不曲之贓とす、各手ニ入たる贓高を以科定相立候故、首従差分け無之律条也

一職役人等何卒之事係有之人より賄を受、公法曲行ふ者ハ（贓物分取高を以論）寺入六十日以上、後条科定之通（数人より受納之節ハ、惣じて取合可論）
〇法を不曲者ハ、（贓物分取高半減ニ而）寺入五十日以上、後条科定之通、（数人より受納之節ハ、惣じて取合半減を以可論）尤贓物茂公所江取揚

一行跡ニかゝり候犯罪多しといへども、賄を受る者ハ義理取失行跡を欠る中にも情犯重き故、賄物少く寺入百日以上ニ而茂職役召かへべし

附、情犯可宥者ハ、公罪私罪を犯律条見合贖銭引替申付候共僉議次第、後条法を不曲同断

一此条ハ手ニ入たる賄高を以罪を定、縦令バ数人ニ而一人之財を受、且一人ニ而数人之財を受分ると雖も、各手ニ入たる員数を以論じ候故、首従差分け無之、且脇方盗律ハ盗物分取高多少無差引共惣高を以論候故、首従差分け有之、此条とハ法義同からず

本文公法曲行ふ所犯はかならず罪科軽重出入するにかぎらず其類多し惣而公法曲行不曲行類ハ、皆共此律を以可論

附、出入人罪科引くらべ贓罪より曲行之所犯重く有之者ハ、重を以論ずべし

一此条ハ賄を受る者之罪を論る也、若賄を不受して法を曲るハ出入人罪科有之、且先ニ賄を受後法を曲法を不曲之事判断するハ此律を以論る、且前以賄可受致約束未取納無之者ハ賄受納之約束律有之、且先ニ判断致し後ニ賄を受る者ハ事後受財律有之、且何卒之事ニよらず賄取遣する情犯者ハ贓坐律有之候間、夫々之情犯ニ応じ可論

一賄を遣内意仕者、幷頼を受内意之旨趣申達、賄賂物引渡候中入人ハ、「賄を遣内意律見合可論」

「一職役人ハ」本文之通法を曲法を不曲之分け有之、其余之凡人等不可取財物受納之者ハ、只法を犯と云て法曲るとハ不云、是公法不取構人ニ而公法之寛厳出入其人ニよらざる故、法を曲る之名号を以する事を得ず○右ニ付此条之外法を曲るニ准じて論る之律条、又ハ嘱託公事律幷於唆所財利を貪律公私之財を騙取律人を威財を取律等之諸条ハ、公法曲行するニあらざる故、各本律を以可科断、去ながら職人之外下遣役抔ニも、法を曲ニ可類情犯有之故、法条見合可論

一職役人之外ニも、法を曲法を不曲之仕向有之候、大概筑佐事等之役目之者、賄を受わさ〳〵罪人を免す類之情犯ハ、法を曲るを以可論、是等之者共ハ受込之勤有之、寛厳ハ出入其身ニ有之故、法を可守ニ却而法を売たる情犯故、法を曲を以可論右之外凡人幷役所江相附候役目之

者ニ而茂、受込之外取構ざる事ならバ、前条之通各「本」律を以可論

科定五刑図幷条々をも見合軽重僉議可有之

一何卒之事係有之両人より贓を受公法曲行する者、一人より受納之贓物ハ本より全科、若十人より受納一時ニ露顕之贓物も皆共取合是亦全科、若又二人以上より受納、一人之贓物ハ先達而露顕、其咎召行候後余人之贓物露顕之節、縦令初之賄物より軽く、又ハ同等成共不差捨、是又全く可処罪

一贓高を以科定相立、且前後露顕之贓数も取合、全く可致治罪法義なれども、情罪軽重又ハ何歟ニ付一定科定之通ニ而難差通者ハ、僉議之上減罪可有之

一贓銭拾貫文以下 拾貫文以上五拾貫文ニ至らず内	寺入六十日
一同五拾貫文 五拾貫文以上百貫文ニ至らず内罪科同断、後条可准之	同　七十日
一同百貫文	同　八十日
一同百五拾貫文	同　九十日
一同弐百貫文	同　百日
一同弐百五拾貫文	同　弐百日
一同三百貫文	同　三百日
一同三百五拾貫文	同　四百日
一同四百貫文	同　五百日
一同五百貫文	流　四年 情罪軽き者ハ位取揚候上、寺入五百日歟千日歟、其時之僉議次第

一同千貫文　同六年

一同千五百貫文　同八年

一同二千貫文　同十年

一同八千貫文以上　一世流情罪次第長遠流ニても僉議次第

科定五刑図幷条々をも見合、軽重僉議次第

一何卒之事係有之人より賄を受公法不曲行者、一人亦ハ数人より受納之賍物一時ニ露顕之節ハ、惣高取合半減を以可議罪、若先達而露顕、其咎召行候後露顕之賍罪最初之賍罪より重有之者ハ、二罪以上露顕律法之通其差引を以致治罪、軽く又ハ同等ならバ、前条法を曲るとハ法義別々なる故、最初之賍高ニ取合議論致間敷候

一賍銭拾貫文以下拾貫文以上百貫文ニ至らず内　寺入五十日

一同百貫文百貫文以上弐百貫文ニ至らず内罪科同断、後条可准之　同　六十日

一同弐百貫文　同　七十日

一同三百貫文　同　八十日

一同四百貫文　同　九十日

一同五百貫文　同　百日

一同六百貫文　同　弐百日

一同七百貫文　同　三百日

一同八百貫文　同　四百日

一同九百貫文　　同　五百日

一同千貫文　　流四年 法を曲る律同断

一同弐千貫文　　同六年

一同三千貫文　　同八年

一同四千貫文　　同十年

一同壱万貫文以上　　一世流 情罪相応不致者ハ、長き遠流ニ而も僉議次第

条々

一先非を懲贓物佗返し、且可及披露様子察入佗返者ハ、犯罪自訟律見合 罪科免減可有之

一及糺相返者ハ、贓物支配律見合 限内全相返し候ハヽ、僉議次第 一等減し、且限内 不相返者ハ、贓物支配律条見合 牢込を以相返させ、本罪可申付

一盗賊律内人を威財を取律幷公私之財物掠取律二条ハ、凡人賄を受律ニ相係り候間、各律可見合

一老幼廃疾者其外何歟ニ付現罪難申付者ハ、老幼廃疾犯罪律贖分法条見合 可論

一何歟別々之罪科一時露顕之節ハ、二罪共ニ露顕律見合 可論

法を曲法を不曲律ニ准可論条々左記

一賄を受御米納限過遅滞させ候役々ニハ、御米納限律見合 可論

一右同流刑寺入等之罪人未罪科裁断不相済罪人込る迯走させ候役々等ハ、流人欠落律幷不覚罪人逃走律見合 可論

一右同牢込可申付罪人を不召込、又ハ牢込ニ不及者を召込候役々ハ、罪人牢込律見合 可論

一右同牢舎人江異変を教、或外人牢屋立寄見免し内通させ候役々ハ、牢屋締方律見合可論

一右同寺入人内々帰家、或遠所徘徊、或名代を以入寺させ候住持ハ、寺入締方律見合可論、所払も准之論すべし

一在番検者幷携之役々、又ハ諸地頭職役人等、曖所より財物乞求、売買或自物ハ高直ニ売渡、曖所之財利ハ下直ニ買取利潤を貪る類或借物取遣、或所届物等付而財利を貪者ハ、於曖所財物を貪律見合可論、右役人幷何卒之御用ニ付宿ニ罷通候職役人、又ハ其所ニ威勢有之役外之人込

一曖所之者より財物威取る役々等ハ、人を威財を取律見合可論

贓坐非理之物を取、或御物多少取払、或仕立物等失墜有之類を贓ニ准可論科律

一職役人又ハ無役之士民等、法を曲法を不曲律条之外逢盗賊幷償物取納方、或逢打擲養生料等可請取員数之外、右手寄ニ依て人之財を受候類、或斗升斤量定規私ニ作る律内「取納方ニハ多く取、払方ニハ少く相渡、或調物法違律内」何歟首尾違ニ而調物法義ニ違、木石取出不堪用律内木石取出幷焼物之類御用不相達失堕相成候類之情罪者ハ其員数取立、半減を以後条科定之通可申付

一本文和談之取遣ニ而候故差遣候者ハ受納之人罪科より五等可減

附、賄を遣内意可致心入無之候を、職役人態々難渋、或何歟事煩敷取迫、無理被詰掛無是非相送候者ハ、賄を遣内意律見合論沙汰ニ不及

一罪科減免等之内意ニ而規避之所巧有之類之情罪ハ、賄を遣内意律見合本罪引くらべ重を以可論

一右所巧之賄受納之人ハ、法を曲法を不曲律を以可論

一諸祝儀其外礼節之見舞等ニ付、何卒之事懸無之方相当之進物致取遣候儀不苦、役掛幷凡人同断

科定依律法贓分半減ニ相立置候間、得用高半減を以差引可有之

一贓銭拾貫文以下拾貫文以上五拾貫文ニ至らず内、罪科同断　寺入五日
一同五拾貫文五拾貫文以上百貫文ニ至らず内罪科同断、後条差引方可准之　同　十日
一同百貫文　同　二十日
一同弐百貫文　同　三十日
一同三百貫文　同　四十日
一同四百貫文　同　五十日
一同五百貫文　同　六十日
一同六百貫文　同　七十日
一同七百貫文　同　八十日
一同八百貫文　同　九十日
一同千貫文　同　百　日
一同弐千貫文　同　弐百日
一同三千貫文　同　三百日
一同四千貫文　同　四百日流ニ〆二年
一同五千貫文以上　同　五百日流ニ〆三年

条々

一失費料弁償并有免等之儀ハ、各本律を以可論

一贓物首尾方ハ贓物支配律条見合可論

附、贓物皆納或払掛等ニ而罪科減免、又ハ弁償不得相調者首尾方同断

一寺入百日以上ハ、役代合可申付法義ニ候得共、公罪私罪を犯罪条見合僉議次第、贖分役勤通引替可申付

一首従有之候ハヽ、首従差分け律并各律条見合可論

賄受納之約束賄受納之約束仕未受納無之者科律

此条ハ職役人賄を受る端を杜ぐ法義申述候

一何卒之事係有之人より賄を可相送約束承候役々ハ、未受納無之候共、賄賂物他江預置させ或書面等之証跡有之者其事曲行置候ハヽ、法を曲律ニ准且不曲行者ハ法を不曲律ニ准賄を受候人より各一等減、一世流ニ至らバ猶又一等減、寺入五百日迄可召止、本文之通ニて罪科重相見得候ハヽ、減罪する共僉議次第

附、本文贓罪を以流罪ニ処し候儀無之故、縦令流十年以下之贓数相犯候共、本文同断寺入五百日可申付、余条可准之

一本文曲行態々人罪出入いたし賄受納之約束仕候罪科より重く有之候ハヽ、其重を以可論

附、口上迄之事ニ而、約束之員数慥成証拠無之候ハヽ、不及沙汰、可相送約束候人同断

一事済候後財を受る律ハ最初何卒之約束も無之、其事相済候後受納現贓有之故贓高を以論じ、且此条ハ約束迄ニ而未受納無之空しき贓坐する故、彼条より罪科軽く有之候、然処罪科曲行候節ハ、彼条ハ誤て出入律を以論此条ハ態々出入律を以論彼条より重く有之候、此儀定而彼条ハ最初何卒之約束も無之故、公事裁断之節ハ進物可送哉も存外ニ而私曲之心無之、無心之過ニ

かゝり、此条ハ最初進物之約束承候上ハ其内意有之、私曲ニかゝり候義亦然、尤重ずる所ハ法を曲るニあり、彼条より重く有之

　贓を遣内意罪科被召軽、或ハ無罪ニ成候所巧、又ハ讒訴之詮可相掛奸媒等ニ而、賄を遣内意幷中入人科律、又無理被詰掛賄を遣候者罪科有免、又ハ賄を可取所巧不相掛者罪科込る

一諸人何卒之事係有之、存之役人江賄を遣致内意者ハ、縦令内意之通不相違候共、公法曲行ハすべき所巧ニ付賄之員数取立、贓坐律を以可論、内意之通相違罪科被召軽、或無罪ニ成候者ハ、本罪幷賄を遣内意之罪科引くらべ重を以可論

贓物ハ贓物支配之法条を以論公所へ可取揚

一賄受納之職役人ハ、賄を受公法曲行又ハ不曲行律条見合可論

一頼を受致内意賄取次者ハ、贓坐律を以論寺入百日迄ニ可召止、若自分ニも賄を受本罪寺入百日より賄重く有之者ハ同律を以論寺入五百日迄可申付

一賄を遣内意可致心入無之候を職役人態々致難渋首尾方延引、或強暴を以何歟事煩敷取迫無理詰掛、是非難黙止居いやながら相送候者ハ、賄取次人込る不及沙汰、贓物も取揚主相渡べし

但、賄受納之職役人ハ法を曲律を以可論

条々

一何卒之犯罪有之、非分可取隠間柄之者より佗訟、右ニ付賄を遣内意之執行有之、及露顕ニ候ハ、犯罪自訟律見合本罪減免、然共賄を遣候罪ハ格別ニ候故、此律を以可論

一何ぞ之犯罪有之、可及披露様子推察、或可捕出企有之候を可取止所巧ニて、凡人江賄を遣候類も此律を以可論

但、賄受納之凡人ハ、人を威財を取律幷公私之財物掠取律等見合情罪ニ応じ可論

一讒訴を以人を罪科ニ可召貶所巧等ニ而、賄を遣致内意候類之情罪も此律を以論、尤内意之通人を罪ニ入候節ハ、誣告律見合重を以可議罪

於曖所財物利を貪商買又ハ借物所望物代無首尾、且無節進物受用等之科律、新古役々又ハ威勢有之役外之人込る

一在番検者幷構之役々、諸地頭又ハ構之職役人其外各在所威勢有之役外之人込る何卒之勘弁無之、役威を頼曖所之者より財物無心ニ乞求、或借入候者ハ、賄を受公法不曲行律ニ准可論強暴之執行ニて候ハ、賄を受公法曲行律准じて論各流十年迄、○賍物ハ取揚主江可相渡

一本文借入候も実ハ可貰取内意ニ而、上向名を餝借入と申触、尤曖所之者共江ハ其威ニ恐れ、いやながら相達迷惑ニ相懸り候も、勘弁無之情罪ニて本文之通ニ候

附、何卒迷惑ニ不相掛、法義之通致取遣候儀ハ、尋常之事ニ而沙汰不及

一右同自物下直之等高直ニして曖所之者江売渡、買入之節ハ高直之等下直ニ買取る者ハ、売買物本代差除利得之員数取立、賄を受公法不曲行律ニ准論○強暴之執行ニ而候ハヽ、賄を受公法曲行律ニ准論ずべし

一売払置候物ハ買手方より公所江取揚、代分ハ売手より取揚買主江相返、且買取置候物ハ買手より取揚本主江相返、代分(金)ハ売手より公所へ可取揚

附、強暴之執行有之節ハ本文之通、無其儀節ハ売買払戻し帰し申付公所江取揚方有免たるべし

一右同所望物代相滞、或衣服器物之類借入一ヶ月過不相返者ハ、首尾方申渡賍坐律を以論○強暴之執行ニ而候ハヽ、賄を受公法曲行律ニ准可論

一右同牛馬船諸道具又ハ家店等却而賃分可相掛等借入、賃分無首尾有之者ハ賃分返弁申付、贓坐律を以論縦令賃分及重高候共本代分ニ過間敷候、若強暴之執行ニて候ハ、賄を受公法曲行律ニ准可論

一右同在所土産之軽品を何卒之事係有之者より受納有之候ハヽ、公法曲行不曲行を不分法を不曲律を以論〇相送候者も賄を以内意之執行有無を不分、受納之者より一等減べし

一相送候者も及罪科ニ候故、定法之通贓物公所江可取揚

一宿通幷於詰所定例之馳走方送物又ハ親類縁者より土産之軽品受納不苦

一何卒之御用ニ付、諸間切差越候役々、前条之執行有之者罪科上文ヶ条同断、定例之馳走方幷送物、又ハ親類縁者音信物前条同断

一退役以後於本曖所ニ前条之執行有之者ハ、当役之時之罪科より三等可減

条々

一上文ヶ条借物所望物代幷貰物又ハ売買物代等、曖所江返弁方之諸首尾贓物支配法条幷預物法条見合致差引利付可申付物ハ弥利平を茂相附、首尾方可相渡

一曖所之者財物威取候役々ハ、人を威財を取る律見合可有之

一右同隠謀を以財物だまし取役々ハ、公私之財物騙取律条見合

琉球科律　巻之十四　犯姦　雑犯

犯姦

一犯姦

雑犯

一放火

一不応

犯姦和姦強姦幼女淫之科律、并姦事謀合之者、且姦生之子養育方、且姦取鎮る者、且犯姦人捕方幷訴訟取揚方、且犯姦ニ依て懐胎する類之科律込る

此条ハ姦淫を禁じて風化を端《たたす》律条也、是姦罪之科定本ニて犯姦諸条之通例なる故、姦罪を糺決するニハ相共見合可通論

一和姦之婦女ハ他之見聞を諱て、強姦ニ逢たる由掩飾、且強姦之姦夫ハ重罪を恐、強姦を犯たれ共和姦と申偽、倖免を希ふべし、尤和姦強(姦脱カ)之罪科軽重格別ナル故、能々其勘弁無之候而不叶儀ニ候

一姦を犯したる者ハ、先非を悔佗訟候共、犯罪自訟律を以罪科免減無之、〇且一同姦を犯者も、又首従不分各同罪たるべし

和姦

一和姦とハ男女淫情和同ニして、密姦するを云

一他之婦女を姦淫する者ハ、人之閨門を壊り姦を犯し、其罪姦夫ニ有之と雖ども、姦婦も又淫邪ニ被掩耻もなき情犯なる故、有夫無夫も構なし男女可為同罪

一和姦を犯男女ハ寺入八十日、本文之通ニて難差通情犯者ハ増減するとも僉議次第　夫有之者ハ流三年、姦情又人品ニより本文之通ニて難差通者ハ、流十年以下ハ加減を以治罪するとも僉議次第婦人ハ婦女犯罪律見合議罪可有之

附、夫有之者清律科定杖九十ニ而候得共、於御当地ハ相応不致故、本文之通ニ候、然共情犯ニより清律之通ニ而相応可致者も出来可致候間、其期ニ至り僉議可有之候

一姦事媒合之者、或止宿を以通姦させ候者ハ、淫悪を導之情犯ゆへ是又和姦之本罪より一等減すべし、本文之通ニ而重く相見得候者ハ、猶又減罪するとも僉議次第

強姦

一強姦之情犯ハ、必狼藉之挙動有て女人可遁様無之、啼をらびしを見聞したる人有之歟或膚体損し傷したる歟、或衣服裂破たる歟、或刃物兇器等を以威し驚せたる歟、或縛り或擲き或党類共より捕付強姦させ候類之兇暴可有之、尤強姦之情犯ハ偽り易き故、是等之証拠証跡等を以実否可議定

一婦女を強姦する者ハ、淫事自儘之働ニて、婦女之節操を汚し姦情至て重故一世流、○強姦不遂者ハ流十年、一世流又ハ流十年ニて重く相見得候情罪者ハ減罪するとも僉議次第、後条同断○且強姦ニ逢たる婦女ハ、強暴之手ニ入可遁力なく名節ニ玷を付られ可憐情合故不及沙汰

一最初強暴ニ仕遂候共、会合之期ニ至り和同相成候者ハ、強姦を以不論

一男一人ハ女を強くとらへ付、今一人之男へ姦淫させ候ハヽ、姦を遂たる男ハ本文之通一世流、とらへ付たる男ハ強姦不遂ニ比し流十年

附、数人ニて女をとらへ付たれども皆淫事不相行節ハ、首従差分け可議罪

一他へ通姦せる婦人を見付、其人又強姦するとも、已ニ姦を犯したる婦人ニかゝりたるゆへ、強姦を以てハ論がたく、前条和姦之罪科見合加罪するとも僉議次第

幼女姦淫 強姦込る

一十二歳以下之幼女ハ、未淫情発生無之、尤欺易し制易く誘惑ハせたる情犯故縦令和姦たりと雖ども強姦同断論、已ニ姦事遂候者ハ一世流、○未不遂者ハ流十年

一姦情ハ曖昧ニして偽り易く実否難取究故、必於姦所捕付、披露申出る者ハ可取揚、○若姦所ならずして到所ニてとらへ出し候歟、或姦を犯したるより名指を以訟出候共、何卒之証跡無之追論がたきゆへ取揚間敷候

一姦婦依て犯姦ニ致懐胎其証跡雖有之、姦夫ハ何卒之証跡無之候を密夫可取出と強而致穿鑿候ハゝ、却而偽を構胎を受たる密夫ハ取隠し、可憎人をと密夫偽り指し候も可有之故、其訳不及問付姦婦斗姦罪可申付、婦人犯罪律見合産後百日過候ハゝ罪科可召行、且出産之子も姦婦へ養育申付べし

条々

一素より節義取失、淫乱之女人たりと雖ども、先非引改或人之妻妾ニ成、正しく其名分有之婦人を強姦する者ハ、上文通姦するを見付強姦する者とハ不同故「其期ニ至り僉議可有之」

一輪姦ニ依て姦女を殺死し、輪姦とは俗ニがらじびと云或十二歳以下之幼女誘惑致姦淫、右ニ付失命させ候ハゝ各斬罪

一姦淫之企ニ而何卒之仕懸有之歟、或犯姦之宿意有之、其訳訟出候ハゝ無滞問付、果して其証拠有之候ハゝ、情罪軽重ニ応じ可議罪、○若取次之役々へ申出候を上役へ申出ざる歟、或上役へ申出候を糺方延引したる歟ニより、本婦忿を懐て致自害候ハゝ、役々訴状不取揚律条見合僉議可有之

一姦夫可捕人江立向令防戦者ハ、罪人捕を防律見合姦罪くらべ重を以可論

一右ヶ条之外親属犯姦、或忌中幷僧侶犯姦、或ハ曖所之者妻女犯姦其外夫々之姦律有之候間、各本律見合可論

放火何卒之心有て放火幷ニ類焼ニ依て或盗或人を殺傷或放火人之外致盗者科律、又ハ焼失物弁償方之科律公私込る

一わざ〳〵致放火人家幷何歟積集置候等令焼失者ハ、僉議次第斬罪、従者一等可減、若本律を以相応不致軽情者ハ、罪科増減律見合減下候共僉議次第、首従同断○且諸坐諸御蔵幷積集置候等、右同前之情犯者も罪科同断、積集置候等軽き品ニて、本文罪科を以重く相見得候ハヽ、吟味之上減罪可有之

附、本文斬罪ニて難差通節ハ、簱引せ斬罪ニても僉議次第

一住家ニあらざる空屋幷野原積集置候物を態々放火令焼失者ハ、本文住家幷積集置候物とハ不同故各一等可減之、若一等減候而も重く相見得候者ハ、罪科増減律見合情罪ニ応じ可減之

一下人下女家来共檀那之家屋致放火者ハ、凡人同断可論

一何卒之心有てわざ〳〵自家へ放火致焼失者ハ、にくき情犯と申ながら、他之害ニかからざるゆへ寺入六十日、○若他家幷何歟積置候等類焼ニ及バせ候ハヽ、他之害ニかゝると雖も自家を焼候心入迄ニて為有之故寺入五百日、○若又諸坐諸御蔵幷何歟集入置候等類焼させ候も罪科同断

附、本文罪科ニ而軽重相応不致者ハ、罪科増減律見合僉議次第増減可有之

一自家へ放火類火ニ依て公私之財物取出置候を見付、臨時ニ可盗取心を発し、騒動之際に乗じ致盗者ハ本より盗之心入ニ而為致放火者とハ不同故流十年、若軽情歟、盗物僅斗歟抔ニ而、流十年ニ而重く相見得候者ハ、罪科増減律見合、情罪軽重ニ応じ減下げ候共僉議次第

一右ニ付人を失命させ候歟、又ハ傷を付させ候者ハ、喧嘩殺傷律を以論本罪引くらべ重きを以て可議罪

一右ヶ条公和之焼失物類火込る代分取立、放火人之家財を以弁償可申付、○若数家類焼ニかゝり皆共全く弁償不得相調節ハヽ、高割を以弁償可申付、若家財無之者ハ弁償有免、本罪迄を可申付

一放火人其場ニ而とらへ付、慥成証拠有之候ハヽ、前条夫々之本律を以可治罪

一何ぞ之証拠も無之者を仕向、疑敷邪推を以とらへ出其罪ニ曲入候も無覚束、尤放火之罪科至て重き故、其慎可有之

条々

一何卒之心有て致放火候を早速取消され焼火ニ不及節ハ、前文本律見合僉議次第情犯ニ応じ減罪可有之

一強而引卒(行カ)られ、無是非同断する者ハ、所払以下僉議次第

一放火人之外火消之体ニ而出火之騒動ニ紛れ致盗者ハ、脇方盗律を以論僉議次第一等可相加

不応科定ニ相洩候軽罪者を可議処科律

一世上万事之変化幷人之事情無際限故、細密之情意迄取究悉科定難組入相洩候も有之候、右ニ付人ニ見立次第致裁断候ハヽ、過不及可有之故、諸条之不足を為可補、此一条相立候

一何歟相応不致義を取行律例無之所犯者、事情ニ応じ軽重差分け、左条之通り可議処

一此条を以可論罪科ハ、差当候律内之科定引くらべ過不及無之様僉議可有之

一所犯軽き者ハ、近所之寺入十日廿日見合次第、従者一等可減

一所犯重き者ハ、中途之寺入五十日七十日見合次第、「従者」一等可減

琉球科律　巻之十五　捕亡

捕亡

一罪人捕を防
一牢舎人逃走
一流人欠落
一罪科支配日限
一不覚牢舎人逃走
一罪人を隠

罪人「捕」を防　犯人逃走幷捕を防可捕人を殺傷、且可捕人より犯人を殺傷科律公私込る

一犯罪及披露、捕方又ハ召寄候節迯走候歟、或捕を防公所之下知不請付歟、或右ニ付捕役へ折傷以下之手を懸候者ハ、罪を犯候上猶又逃走捕を防ぎ罪科相重候故各本罪之上ニ二等加へ流十年迄、○折傷以上ニ至らせ候ハヽ、一世流、○絶命させ候ハヽ、斬罪、従者各加罪之上より一等可減、捕方又ハ御用無之内逃走候者ハ加罪不及

一捕を防ぎ捕役へ折傷以下之手を懸候者ハ、手を不懸者より其情罪重く有之候処、一同本罪之上ニ二等相加へ候、是手を出候も迯走候本意ゟ相起り、尤も迯走手を不懸者も公所より御用有之上ハ無異議可畏入之処、却而公法を犯し迯走

候故、皆共加罪同等ニ而候

一本文二等加罪申付候律法なれ共、情罪ニより定法之通ニ而重く相見得候者ハ寺入以下ハ一等加、流刑以上ハ加罪ニ不及、本罪を以差通候共僉議次第、○且折傷以上ニも傷之軽重遙ニ相替、一定一世流ニ而難差通情合も可有之候間、傷軽き者ハ令減罪候共是又僉議次第

一捕役を折傷以上ニ殴傷犯人ハ兇暴之所犯ニ而法義重く一世流之科定ニ而候、然処一定其通ニ而ハ難召行、縦令バ逢讒訴無罪之者捕方之時無理致打擲、右ニ付折傷以上ニ返し被打、其外右体之情罪者ハ別ニ僉議可有之、乍不申捕役偽を構兇暴之所犯ニ逢、漸危難を遁候由実等敷《らしく》申廻、是非信用有之候様訟出候儀案中之事候間、能々其心得を以うかと取揚間敷候

一罪を犯し可捕出犯人武具其外何卒之物ニ而捕を防ぎ捕役江立向候を、捕役精力を励互致防戦生死勝劣次第有之捕役より打殺、○且牢舎人迯走幷流人牢領人へ引渡し中途ニて迯走候を、捕人牢領人火急ニ追掛捕留候迚不取敢打殺、○且捕役江被追詰進退行迫水中火中抔ニ身を投、幷刃物を以致自害候者ハ、皆共自分之所為より死道ニ入、捕役之過ニあらざる故、死罪又ハ流刑以下之犯人ニ而も無構捕役沙汰ニ不及

附、可捕出犯人縦令捕を防候共、何ぞ之道具を不持者を捕、人より追打失命させ候者ハ、本文何ぞ之道具を持捕を防候者とハ情合相替沙汰なしニ而難差通故、吟味之上罪科裁断可有之

一死罪ニ不可処牢舎人迯走候を捕へ付候後、且可捕出犯人迯走何卒捕を不防者を逃走之情弊をニくみ擅ニ打擲折傷以上ニ到らせ候捕役ハ喧嘩打擲律を以論流十年迄ニ召止、絶命させ候ハヽ、一世流、○若死罪ニ可処犯人を他之無故一時之怒を以擅ニ殺候ハヽ、寺入五十日、本文情罪軽く、律法之通ニ而重く相見得候者ハ、減罪申付候共僉議次第

一捕役私意を構、或罪人ニ遺恨有之候歟、或他人之頼を受、或贓物騙取候働不遂ニ依て殺之候類ハ、謀殺律幷喧嘩殺害律内故殺律見合可論

条々

一誤而傍人を殺傷者ハ、過失殺傷律内誤而傍人を殺傷律を以可論

一脇々ニ而盗人捕を防候罪科幷贓主隣所之人より盗人捕付候迚打殺候諸首尾方ハ、強盗律幷夜無故人家ニ入律条見合可論

牢舎人迯走　牢舎人隠密ニ逃出、或兇悪自儘之働を以牢屋戸壁抔打破、或役々を殺害逃出候者科律

一牢舎人隠密ニ忍出門寺垣を越囲外迯出候者ハ、本罪之上ニ二等相加、流十年迄ニ可召止、情罪ニより本文之通ニて重く相見得候ハヽ、寺入以下ハ一等加、流刑以上ハ加罪ニ不及本罪を以差通候共僉議次第

附、本文二等加へ候罪より猶重罪之牢舎人誘出逃走候ハヽ、猶又一等可相加、〇被誘出候者ハ、本罪之上ニ一等加へ可議罪

一死罪可申付牢舎人逃走候ハヽ、加罪不申付科定之通死罪可申付

一長き遠流幷一世流可申付牢舎人逃走候ハヽ、配所之難易見合僉議可有之

一先非を懲自身訟出候ハヽ、加罪有免本罪可申付

附、有服之親属より捕出候ハヽ、犯罪自訟律を以可論

一右通自分ニ而訟出組合者行衛有筋申披捕出させ候ハヽ、僉議次第本罪より一等可減

附、自分より捕出候ハヽ、僉議次第猶又可相減

一牢舎人自身之強勇を頼、人目も不憚［取支候者ハ則可打果宿意ニ而］兇悪自儘之働を以牢屋戸壁抔破、或役々を殺害又ハ致打擲逃走候ハヽ、［縦令門外幷垣を越囲外不逃出も同断、「本」罪軽重不論］相共ニ申合致加勢逃出候者も、僉議次第一同斬罪可申付、［相共ニ申合致加勢逃出候罪人、又ハ兇悪自儘之働有之候共、役々殺害打擲等不致者ハ減罪申付候共僉議次第］

一同牢人何ぞ之申合無之［加勢をも不致］本犯人江被誘出逃走候者ハ、一同死罪不申付

一同牢人［本文兇悪之企］不存者ハ沙汰ニ不及

条々

一死罪申付べき牢舎人役々を殺害逃走候ハヽ、僉議次第［斬罪之者ハ獚引斬罪］可申付

一牢舎人逃走させ候役々ハ［不覚罪人逃走律条見合可論］

一外人牢囲へ関寄、兇悪自儘之働を以牢舎人引取候罪科ハ［劫囚律を以可論］

一入墨刺置候者逃走、入墨消除置候ハヽ、［入墨法条引くらべ重を以論］入墨も可刺置、［頼を受入墨消除候者も、入墨法条見合可議罪］

流人欠落［流刑寺入所払之者逃走幷不締有之者科律又ハ住持幷配所之抱主役々科律込る］

一九十日以下之寺入人配寺より逃走候ハヽ、一日ニ加罪「五日」、五日毎ニ一等加へ五十日迄ニ可召止、［贖分引替申付候共見合次第］

〇本文之通ニ而情罪相応不致者ハ増減する共僉議可有之、後条同断

一最初仕懸之入寺日数惣日数ニ相込致差引、残日数ニ［本文加罪取添入寺可申付、］［後条百日以上五百日以下之寺入同断］

附、先非を懲訟出候ハヽ、［犯罪自訟法条見合］加罪有免、［後条百日以上之寺入も同断可論］

一百日以上之寺入所払人［前条同断］逃走候ハヽ、一日ニ加罪［寺入］五日、五日毎ニ一等加へ五十日迄ニ可召止、［贖分幷科牢科鞭ニ引替申付候共見合］

次第

一年季流之者配所幷申渡所より致欠落者ハ入墨律見合刺之、本配所へ相帰加罪二年、○中途又ハ船元より逃走候者ハ前文見合加罪可申付

附、先非を懲訟出候ハヽ、犯罪自訟法条見合加罪可令宥免

一長き遠流幷一世流之者逃走候節、罪科内又罪を犯律内長き遠流幷一世流之者何卒之罪を犯罪科准可論

一抑可逃去情意ニ而無之、或親見廻、或食物求方、或他人へ強て被引率、「或」愚鈍者ニて被申賺、うかと他島へ罷渡候類之情罪ニ而欠落之罪ニ難召貶者ハ、其訳委く相糺僉議次第加罪、入墨令宥免科鞭四十五可申付

一右ヶ条勤方相懈逃走させ候住持幷抱主宰領人ハ不応軽律を以可論

一百日限宰領人又ハ他人より捕出、或罪人死亡、或罪人自分ニて訟出候ハヽ、罪科宥免

一右同態々差免逃走させ候ハヽ、罪人最初之罪科同罪、○賄を受差免候ハヽ、賄を受公法曲行律引くらべ重を以て可論

附、本犯人同罪ニ而相応不致者ハ、見合次条贖分引替、然共流刑ハ惣て贖分引替相応不致訳有之候者ハ寺入五百日申付、余罪ハ贖申付候共僉議次第、「尤」贖分引替申付候共、役勤通ニ而相応不致役代合可申付者ハ、公罪幷私罪を犯律見合代合可申付

条々

一本文態々免し候付、前条之通限を立捕方不申渡、然共罪科不召行内、自分又ハ他人よりとらへ出、或罪人死亡、或罪人自分ニ而訟出候節ハ、不覚牢舎人逃走律内態々免し逃走させ候法を以可論

一右罪人逃走何卒之犯罪有之者ハ、罪科内又罪を犯律条引くらべ重を以可論

一右同逃走候ハヽ、則配所構之役々へ申出、役々より番所江申出、島中致探束(索カ)行衛不相知候ハヽ、委細平等所へ可申出、

寺入人逃走候節ハ、住持より平等所へも首尾可申出

一本文之通申出候得共、則廻文差通とらへ出罪科上文ヶ条を以て論、且逃走之流人牢舎中賄方幷配所へ送越候渡海飯米ハ牢人介抱預律見合可論

罪科支配日限定限過罪科不召行役々科律、幷罪科禁日法義込る

一寺入九十日以下之罪科裁断相済、五日限寺入条々見合入寺可申付、科鞭科牢枷号等も同断

一寺入手形請取、定限過入寺無之者ハ寺入締方律見合可論

一百日以上之寺入幷流刑裁断相済、十日限入寺又ハ配所之者へ可引渡、所払幷訟流刑同断

一何卒之謂無之、右ヶ条之日限過首尾方相滞候ハヽ、存之役人寺入五日、毎五日一等加へ三十日迄ニ召止べし

一寺入人当病又ハ風雨等之支も無之、出寺相滞させ候住持も、本文ニ准じ可論

一上文ヶ条之犯人無故牢屋へ留置逃走させ候ハヽ、不覚罪人逃走律を以て可論

右ヶ条之罪科構之月番筆者為首、同大屋子ハ一等可減

条々

一糺明係合ニ依て牢込坐牢等申付置候者糺明済不差免、無故滞留させ候役々ハ糺明済赦免律見合可論

一犯人当病忌其外何卒之支有之節ハヽ、牢人介抱預律幷贖分条ニ見合可論

一寺入流刑可申付犯罪人未支配不致内、且入寺内祖親兄弟妻子等重病、又ハ有服之親属致死去、一門親類より預之願申出候ハヽ、所犯之軽重服之厚薄等見合、僉議次第預可申付

罪科禁日

一毎月朔日十五日
一折目々々幷節供々々之日
一御禁断日
一御月忌之日
一冬至前日より当日迄
一勅書上表幷御返翰御披御状渡之日
一御参詣之日
一御誕生日幷諸御祝儀之日
一孔子廟崇之寺御祭祀之日
一御奉行御申入之日
一春夏四御祭祀之日
一玉御殿ようどれ御墓清明御祭祀之日
一御法事中
一七月十二日より十六日迄
一十二月廿七日より正月廿日内
右糺明幷罪科言上又ハ罪科不召行

附、右之法義相背き、禁日ニ罪科召行役々ハ、吟味之上其咎可申付、尤死罪科鞭枷号之外流人便宜問後く可相成節、并寺入以下之軽罪ハ見合を以（平等之側吟味役案内）召行候共時宜次第、（白衣裳等着させ差立候紀明ハ格別、其余一通之口問迄ハ見合次第同断）

一正五九月

一御誕生月

一八月廿七日

一四月八日

一六月中

右死罪不召行

不覚牢舎人逃走（牢舎人盗物支配先尋方等外へ卒出、或捕得たる罪人逃走させ候役々罪科込る）

一牢番人（勤前相懈）不覚牢舎人逃走させ候ハ、（逃走候罪人之内）罪重き者罪科ニ応じ、左条之通可議罪、（鍍懸外へ召置候罪人「或」白身之強勇を以牢屋戸壁取破、或鎖禰ぢ放逃走候者込る）

一寺入百日以下可申付牢舎人逃走させ候ハ、（逃走候罪人最初之科より五等減）寺入五十日迄、二百日以上之寺入可申付者逃走させ候ハ、（等減之差引も無之）寺入六十日、○年季流可申付者逃走させ候ハ、寺入七十日、○一世流以上可申付者逃走させ候ハ、寺入八十日、（○寺入百日以下可申付罪人逃走させ候者ハ、逃走者罪科より五等減候、○若減過無罪ニ相成候ハ、、十日五日寺入申付候共僉議次第、○後条可准之）

一牢舎人強勇を頼、牢屋戸壁打破、或鎖ねぢ放し逃出候を、牢番人難捕留不及力逃走させ候共、専締方大形之所より右次第ニ付、左之条之通可議罪

一寺入百日以下可申付牢舎人逃走させ候ハヽ、上文不覚之罪より四等減寺入十日、二百日以上ニハ廿日、年季流ニハ三十日、
一世流以上ニハ四十日可申付
一大筑牢屋改方致大形逃走させ候廉有之候ハヽ、牢番人罪科ゟ一等減、○若牢屋改方無疏略牢舎人江懸置候鍍強弱、又ハ何ぞ之道具有無等見しらべ、其外何卒届不足無之候ハヽ、不及沙汰
一右同当番役人牢番人罪科ゟ三等減可議罪、寺入百日以下可申付者逃走させ候節、罪科軽過無罪ニ相成候ハヽ、五日寺入
一上文二ヶ条百日限捕出方申渡限内捕出、或逃人死亡、或自分より佗訟、或他人より捕出候節ハ罪科宥免
一態々免し逃走させ候役々者、上文之通捕得限不申渡逃走候罪人最初之罪科同罪申付、一世流ニ至らバ一等減○右役々罪科不召行内捕出、或他人より逃走候罪人捕出、或逃走人死亡、又「自」身ニ而佗言申出候節ハ本罪より二等可減、賄を受わざ〳〵免し候者ハ、立法を曲律引くらべ重を以可論賍取○本文之通情罪相応不致者ハ減罪する共僉議次第
一同黨者共牢舎人可引取奸謀を以人数組合兵具等持、人目も不憚牢屋へ関寄、兇悪自儘之威勢役々共難敵、不意之急事ニ逢不及力被引取候節ハ、上文勤前相懈牢舎人逃走させ候比ニあらざる故各罪科宥免、本文悪党者ハ劫囚律を以可論
一盗物支配先き尋方抔ニ牢舎人外向江卒出、或捕得付たる罪人不覚逃走させ、或態々免或賄受免、兇悪自儘之働ニ逢逃走させ、或限を立捕方申渡候諸首尾方等至り惣て上文ヶ条同断可論

条々

一流人欠落律牢領人不覚罪人逃走させ候者ハ、諸首尾引「結」配所へ送越迄之罪人ニて此条より罪科軽く、此条ハ未糺明不相遂惣而首尾係之罪人、就中斬罪可申付重罪者逃走相込候ニ付、流人欠落律とハ格別ニ而両条罪科軽重有之候
一未糺明不相遂内逃走させ候節、限内不捕出候共証拠証跡明白有之、罪科何分と片付方可相成者ハ、糺明相遂候も同断故本律之通則ニ致治罪、若何分と決断不罷成節ハ、いつとなく召延置様とも不罷成故軽き方ニ片付罪科申付置、以後逃人捕出最初罪科より可重者ハ、同犯

人組合者捕出律見合最初之罪科差引残処し候共僉議次第

附、流刑以上之重罪ハ、縦令証拠証跡有之候共、変化難計故見合次第逃走人捕出片付方有之候共是又僉議次第

一盗物支配先き尋方等ニ付牢舎人卒出候節、名代を以宰領させ、或先後散行其外致大形逃走させ候廉有之候ハヽ、上文わざ〳〵免し逃走させ候ヶ条見合可論

一犯罪人牢屋より逃走幷流刑寺入等之者配所又ハ中途より逃走候類込る公所より御用可有之段承及自家へ隠置、或可逃走行先を教、或衣食等与他所へ逃隠させ不捕出者ハ、三ヶ事之内一事も相犯し候ハヽ罪人之罪より一等減可議罪、一等減候而重相見得候者ハ、猶又減罪申付候共僉議次第、後条同断

罪人を隠御用之者と乍存取隠、又ハ捕方可有之段告しらせ逃走させ候者科律

一逃去候行先ニ而猶又本文之所行有之者も罪科同断

一罪人段不存、本文之所行有之者ハ不及沙汰、罪人と不存借宿等為致候共、何歟相応不致訳有之候ハヽ、不応律を以て可論

一数ヶ条之犯罪有之候を、其内一事之犯罪存知、本文之通取隠候所行有之者ハ、存知候一事之犯罪より減罪可申付

一間柄之者下人下女家来込る親属幷家長犯罪有之候節、他人相合本文之通取隠候所行有之候ハヽ、親属下人等ハ親族非分取隠律を以論他人ハ此律を以可論

一犯罪露顕又ハ公義より御用も無之犯人取隠候内、及露顕候節ハ不応律を以可論

一最初犯罪人之段不存借宿させ、後ニハ犯罪者と察入候得共、任私情不捕出、本文之執行有之者ハ、本より罪人と乍存隠置者とハ情意相替候付僉議次第、本律一等減候上より猶又減罪可申付

一自分幷親属家人共より捕出候ハヽ、犯罪自訟律を以可論、犯人より捕出候ハヽ、前条本律之通、去ながら本律之減法ニて相応不致者ハ、後条腰書同断減罪する共僉議次第、尤罪人死亡又ハ自身

訟出候節ハ、後条腰書之通

一公所より捕へ方可有之段承及、其訳告知らせ逃隠させ候者も、前条同断罪人之罪より一等減可議罪

一他人より捕へ出、或罪人死亡、或罪人自分ニ而訟出候節ハ、本文減罪之上より猶又一等可減

条々

一賄賂を受、右ケ条之執行有之者ハ、賄賂を受公法曲行律を以論本律引くらべ重を以可論

一首従差分けハ首従差分法条見合可論、家人組合候節同断

琉球科律　巻之十六　断獄上

断獄上

一罪人牢込
一無罪人牢込
一牢人を虐
一牢屋締方
一牢人介抱預
一老幼糾明
一訴状表問付
一糾明済赦免

罪人牢込牢込幷牢込ニ不及法義、且誤て牢込右ニ付絶命させ「候」科律、又ハ牢屋坐牢軒数込る

一流刑以上之罪科ニ可及犯罪者ハ、糺明遂候共牢舎可申付、寺入以下之軽罪者ハ牢込ニ不及

一流刑ニ而も八議之人犯罪律幷八議之人父祖犯罪律ニ相見得候面々其外格別之人品幷老幼廃疾病気躰之者ハ、坐牢ニても見合次第、一世流以上之重罪者ハ人品見合不及病気訳之外皆共牢込

一寺入以下之犯罪ニ而も、盗走其外難放免情罪者ハ、込置候共僉議次第

一盗走等之外、寺入以下之軽罪、又ハ 罪科不及者ニても 糺明係ニ付牢舎不申付候而不叶者ハ、見合次第坐牢揚牢牢込之間可申付

一諸細工人公務をいやがり不勤有之、構之座ニより問合次第揚牢可申付

一婦女牢込ハ 婦女犯罪律見合 可論

一牢込可申付犯人を誤而不召込役人ハ、腰書之通罪科可申付、 坐牢揚牢并鐐可懸罪人を誤而不遂も同断

一寺入百日以下可申付犯人、誤て不召込者ハ寺入五日

一寺入二百日以上可申付犯人、同断之者ハ寺入十日

一年季流可申付犯人、右同断之者ハ寺入廿日

一一世流以上可申付犯人、右同断之者ハ寺入三十日

附、坐牢申付べき犯人を牢込申付者ハ、右之罪科より一等減可処罪、 鐐并揚牢取違候も同断

一本文之通牢込又ハ鐐を不懸逃走させ候罪科ハ、 不覚牢舎人逃走律内 不覚牢舎人逃走させ候役々科定を以可論

一牢舎ニ不及者を誤て牢込、又ハ不可鐐懸者を誤て懸候役々ハ、 法ニより民をしたげたるゆへ 各寺入三十日

一前条誤て牢舎不申付者ハ、改正可相成候処、本文誤て 法義違 牢込鐐懸候者ハ、則枉入可改正様無之故 罪科軽重不分 本文之通

一本文誤て牢込鐐懸死命させ候役々ハ、 無罪人牢込律内 懸合之無罪人誤て牢込之条見合可科断

一態々右ケ条之執行有之者ハ、 無罪人牢込律を以可論

一右携之役々筑佐事共ニ至り罪人幷罪人之仇人より賄を受、わざ〱罪科軽重増減する者ハ賄を受法を曲律内賍罪引くらべ重に従て可論

一前文ヶ条之所犯乍存不申出役々ハ、本犯人より三等減、○若右之情犯不知者ハ不及沙汰

牢屋軒数

一牢屋三軒内二軒男牢一軒女牢

一罪人牢込之節、大筑検見ニ而男女共簪幷懐中道具帯まわし等脱せ、男女差分召込、戸鎖役人印形を以致切封、親類へ賄方申渡、其首尾月番役人江可申出、揚牢ニハ簪帯まわし等脱せず平日之支度ニて可召込、然共身廻道具ハ牢込同断不召授

但、着衣寝敷莚之外、身廻道具一切召授間敷候

一一軒ニ番筑佐事一人、一昼一夜宛代合越通ニて勤可有之一軒ニ行灯一ツづゝ常灯

一右勤方之次第幷締方ハ牢屋締方律幷牢人介抱預律見合可有之

一坐牢二軒内一軒男牢一軒女牢

一男女共平日之支度ニ而簪帯まわし等不脱、男女差分可召込、尤罪科軽重又ハ人品見合、懐中道具相授置候共僉議次第、戸鎖締方牢屋同断

一番人ハ当番之筑佐事兼務、一軒ニ行灯一ツ

条々

一牢舎人出入之節、大屋子迄ニ而決断難致儀ハ、平等之側吟味役へ申出、尤盗走等ニて何卒不及吟味犯人ハ、役人僉議を以て首尾方仕、追々其首尾可申出、牢舎人帳出入之訳相記、側ニ平等之側吟味役之間印可押

一筆者夜詰之時、牢人出入之節ハ、月番大屋子へ通達首尾方可有之

一牢人出入之首尾不申出者ハ、不応軽律を以可議罪

一牢屋締方之儀ハ、牢屋締方律を以可論

一牢人賄又ハ沐浴当病忌親類見廻并預け、或牢人打擲、或衣食掠取、或姦淫等之犯罪ハ、牢人介抱預律并牢人を虐律見合可論

一官職重人、其外人品ニより奉伺首尾方可仕法義有之候間、八議之人犯罪律并八議之人父祖犯罪律等見合首尾方可有之

無罪人牢込　無罪人牢込拷問召行役々科律

一平等方役々私之讐を挾、少も事係無之無罪人を態々牢込させ候ハヽ、寺入七十日、右ニ付牢内ニ而絶命させ候ハヽ、一世流、

一世流ニて軽く有之者ハ、死罪申付候共僉議次第

一何卒之讐恨無之候共、人之頼を受賄賂受納、態々致牢込者ハ、官司出入人罪律内態々罪ニ入法并賄を受公法曲行律見合本律引くらべ、重を以て可論 後条可准之、態々致拷問候も同断

一役人以下筑佐事、右次第乍存取隠者ハ僉議次第本犯人より減罪可有之、筑佐事ハ役人同等ニて相応不致候ハヽ、猶又減罪可有之不存者ハ不及沙汰

一右同可問尋係合人糾明相済、罪人牢込律見合牢舎ニ不及者ハ親属へ可引渡、若誤て牢込絶命させ候ハヽ、寺入五十日、尤無罪之者ニても牢込可申付訳有之者ハ、縦令致絶命候共不及沙汰

一誤て牢込絶命ニ不及内之罪科ハ、罪人牢込律条を以可論

一右同私之讐を挾、少も事係無之無罪「者」を態々致拷問候ハヽ、縦令不傷候共寺入七十日、折傷以上ニ到らせ候ハヽ、喧嘩打擲律条を以論　絶命させ候ハヽ、僉議次第斬罪

一相役人右次第同意ニ而拷問為致候ハヽ、僉議次第本文罪科より減罪可有之

附、筑佐事ハ役人仇を挾候情意存候共、上役申付難相断無是非召行義も可有之故、僉議次第（猶又減罪）可有之、若拷問召行候中何卒之非法有之候ハヽ、本文通可申付

一相役人私之仇を挾候段ハ不存候共、無故私ニ拷問申付候を乍承不取揚役々ハ、（上文牢込申付候を乍存取隠罪准）僉議之上減罪可申付

附、筑佐事右次第抑不存、縦令致拷問候共、法義之通召行候ハヽ、不及沙汰

一本犯人情罪器物等之証拠明白有之候を、却て係合人より取支へ、（本人之罪を隠）本犯人江ハ猶以非分を餝有筋不申披、糺明難相遂（本人幷係合者ニ而も）法義之通拷問召行、不意致絶命候共、（仇を挾態々拷問召行比ニあらざる故）縦令罪科不相懸笞之係合ニ而も不及沙汰

条々

一有罪者ニ而も私之仇を挾、（拷問ニ不及笞之者を）何卒之端を仮り致拷問失命させ候ハヽ、（喧嘩殺害律内態々殺法を以可論）

一拷問ニ不及犯人を私之見立を以致拷問絶命させ候ハヽ、（決罰不如法律条を以可論）

一糾明係之犯人拷問ニ不及者を任意重々致拷問絶命させ候ハヽ、（決罰不如法律内非法打擲之条を以可論）

一罪人牢舎申付候首尾方ハ、（罪人牢込律条を以可論）

牢人を虐（牢舎人打擲、幷衣食掠取、或犯姦幷犯人之妻女姦淫、或罪人中途ニて無理召扱候役々科律込る）

此条ハ罪人たりといへども自儘不召扱法義厳重ニして罪人を可恤義を申述候

一役人以下筑佐事自儘牢人をしたげ致打擲候ハヽ、（喧嘩打擲律を以論）各傷之軽重を以可処罪、〇ニより牢人江被下候衣食掠取候ハヽ、各（役人盗を以論）右ニ付絶命させ候ハヽ、各（牢人罪科軽重無構）一世流

一本文牢人江可被下等より掠取者ハ、現犯之役人盗とハ情罪相替候ニ付、定法之通役人盗を以論重く相見得候者ハ、僉議次第減罪可申付

一本法牢人罪科軽重無構一世流ニて候得共、一定其通ニて難召行儀有之候ハヽ、牢人一世流以上可申付、重罪之者を絶命させ候節ハ、役々流十年以下、且牢人年季流以下可申付者を絶命させ候役々「ニ」ハ、一世流申付候共僉議次第

一罪人自家ゟ相送候衣食掠取候ハヽ、於曖所財利を貪律内強暴ニ乞求律を以論右ニ付絶命させ候ハヽ、本文同断

一打擲軽く又ハ衣食掠取飢寒之苦痛ニ付而ハ絶命不致、他之故を以相果候ハヽ、喧嘩打擲律幷役人盗律を以可論

一右之次第乍存不申出役々ハ、僉議次第前文役々罪科より減罪可有之

一大筑ハ牢屋締方幷牢舎人飢寒之様躰等ニ至り差引可承職務、且当番役人ハ右之諸首尾可承職務ニて、縦令前条之次第不存候共、職務之詮不相立故、各不応律を以可議罪、大筑より役人ハ一等可減

条々

一牢人病気之節ハ、牢人介抱預律を以可論

一罪人捕出幷配所へ送越候節宰領人非法ニ擲付候ハヽ、本律を以論且罪人有物探取候ハヽ、於曖所財利を貪律内強暴ニ乞求律を以て可論

一右ニ付絶命させ候ハヽ、情罪ニ応じ任威力人を責律幷喧嘩殺害律内態々殺律又ハ本律を以可論

一賄を受態々罪人を免候ハヽ、賄を受公法曲行律幷罪人牢込律内賄を受態々免之律引くらべ重き以て可論

一右同宰領人犯姦幷犯人之妻女致姦淫候ハヽ、姦部民妻女律内牢込姦淫律を以可論

一宿次を以差越候中途ニ而、罪人病気差発候ハヽ、其所之役「人」江申出打合致養生、全快次第所之役々証拠書を

取可相届ハ、保養料所役尤返償可相調者見合次第返償可申付

一養生方不致相果させ、或賄を受病気と申偽滞留させ候役々ハ、牢人介抱預律并賄を受律条等准遂僉議相当之罪科可申付

牢屋締方平等所之儀御用筋ニても於門外案内可通達法義ニ候を、自儘牢屋内通又ハ偽之晴目相教候科定并万締方之科律

一牢人糺明相遂、罪科裁断相済候を役人幷筑佐事ども偽之晴目相教事情変乱させ、且牢人之為内外伝言いたし、牢舎人之罪を減、懸合之罪増入させ候儀共有之候ハヽ、出入人罪律条を以可論

附、糺明中又ハ糺明不取付中、内通之執行有之者ハ、本文ニ准僉議次第相当之罪科可申付

一外人共親類込る本文同断之執行有之候ハヽ、役々之罪より一等可減、一等減候而も重く相見得候者ハ、僉議次第猶又可減之

一役人幷筑佐事共、外人牢屋立寄見免し、且内外致伝言、事情相洩候ハヽ、縦令犯人罪科出入無之候共寺入三十日

附、外人親類込る牢屋立寄、又ハ内外伝言罪科増減無之候ハヽ、不応軽律を以可議罪

一役人幷外人共賄を受、右ヶ条之執行有之候ハヽ、賄を受公法曲行律引くらべ重を以可論

一牢人賄方牢番筑佐事取次出入共居番之筑佐事見調部、若書通其外何卒之物紛を入置候ハヽ、則役人江可申付

一書通等紛を入候者、糺明方何卒之支無之候ハヽ、不応軽律を以可議罪

一毎晩大筑検見ニ而牢屋内外牢番筑佐事へ堅く相改させ、戸鎖役人印形ニ而切封いたし、大筑ゟ当番役人江首尾可申出

一賄道具箸其外石瓦竹木之類紛せ入置候ハヽ、不残可取出

一牢舎人出入之節ハ、戸鎖本切封当番役人見分ニ入可焼捨

一牢人内外用事有之節ハ、軽き儀迄も当番役人へ相達、出会之役人吟味之上牢番人ニて可為通達

一直談不致候て不叶儀ハ、役人詰座之前へ召寄役人大筑検見ニ而可為相会

一牢屋近辺竹木縄之類召置間敷候

一火用心別而入念、牢屋近辺ニて多葉粉共呑候儀堅く可為禁止

一本文六ヶ条牢番人届不足有之候ハヽ、不応律を以可論、役人大筑へも何歟届不足有之者同断

条々

一牢人御物賄幷沐浴当病忌係且親属見廻、且何歟ニ付親類へ預等之首尾方ハ、牢人介抱預け律条見合可論

一牢人何歟法外之所行有之節ハ、牢人逃走律幷与囚金刃解脱律獄囚誣指平人律条見合

一刃物毒薬其外牢屋を破可逃出道具等牢人江与候者ハ、与囚金刃解脱律条を以可論

牢人介抱預此条ハ罪人たりといへども大形不致、飢寒之苦無之様介抱可致法「義」申述候也

一牢人貧苦之上可賄親類迚も無之者ハ役人へ申出、役人より平等之側案内平等所御物ニ而賄、又ハ着衣をも見合可被下之、当病之時服薬料同断

一可及死罪重犯者ハ、入牢之日より財力有無を不分御物ニて賄可被下、病気之時服薬料同断

附、着衣本文同断見合次第、死罪召行候節白衣裳同断

一糾明之上死罪ニ相究候者ハ、其日より右同断

一流人配所替幷欠落者牢込之節、賄方御物ニ而可被下

一何卒之儀ニ付、御城女性牢舎之節、右同断

一御物賄被下候ハヽ、流刑之節ハ渡海飯米十五日分七升五合先、右同断

一牢人当病之節ハ則役人へ申出、牢外へ召出医師親類召寄、役人大筑検見養生可為致、平等所ニて養生料ハ被下切り

一流刑以下之犯罪ハヽ、平等之側案内見合次第預可申付、一世流之罪科ニ而も、重病危難之節ハ預申出付候共僉議次第

一離島并遠所抔之者ニ而、預り人無之候ハヽ、坐牢江召出、役人立合養生可致

但、渡合之さばくり又ハ地頭へ引渡養生させ候共、時宜次第

一牢人当病之時、廿日以上有服之親属并家人等見廻之節ハ役人へ申出、役人大筑之間検見見合次第可為相逢、外祖父母外孫舅聟抔之親敷ハヽ、見合次第可差免

右ヶ条大筑并牢番筑佐事受込、若右体之差合有之候を不申出候ハヽ、寺入三十日以下僉議次第、右ニ付絶命させ候ハヽ、罪科左条之通、大筑不存訳有之候ハヽ、罪科可相減

一可及死罪人絶命させ候ハヽ、寺入五十日

一可及流刑者絶命させ候ハヽ、寺入七十日、一世流之犯人絶命させ候ハヽ、減罪申付候共僉議次第

一寺入百日以上可申付者絶命させ候ハヽ、寺入九十日

一寺入九十日以下可申付者絶命させ候ハヽ、寺入百日

一右ヶ条之次第申出候を、首尾方延引又ハ乍存不取揚、且右ニ付犯人絶命ニ及せ候ハヽ、役人罪科前条同断、不存者ハ不応律を以可議罪

一前条牢人差合有之段申出候を、平等之側吟味役承其首尾延引、右ニ付犯人絶命ニ及せ候ハヽ、前条罪科ニ準可議罪

条々

一牢人賄方無締取次、就中老幼廃疾者ハ取分気を付食事煖ニ喰湯共与へ、惣而飢寒無之様見合可有之

附、賄方取次幷牢人病気又ハ飢寒之様体沐浴等之見合方牢番筑佐事受込、猶又大筑差引可有之、且賄見調部方居番筑佐事勤前、右旁之諸首尾当番役人可承之

一賄持参無之節「ハ」御物より差足可喰

但、賄料無利返上、尤上納相調不得極貧者ハ、賍物支配之法条見合僉議次第返上可令有免

一牢舎人保養之為、毎月見合次第役人へ申出大筑牢番人検見沐浴又ハ牢屋掃除可為致

附、訳により及四五ヶ月牢込之者ハ、見合次第月代可差免

一年季流可申付牢人、廿五日以上有服之親類重病死去之時、見舞不差免候而不叶訳有之者ハ、見合次第出牢さし支有之間敷者ハ平等之側案内慥成親類江引渡、見廻可差免、廿日以下有服之者ニ而も同居之者ハ見合次第宥免

一寺入所払以下可申付牢人、有服之親類重病又ハ死去之時、見合次第出牢さし支有之間敷者ハ平等之側案内出牢可申付

一牢舎人預申付候節ハ、親類預証文を取可引渡、急用之節ハ、跡立而証文取候共時宜次第

一牢人出入之首尾方ハ罪人牢込律条見合可論

一牢屋締方ハ牢屋締方律其外可類律条見合可論

一牢人御物賄幷服薬料又ハ灯油等之諸首尾方月番筆者受込、同大屋子差引平等之側行印申請置月帳可払出、若抑留於有之ハ、牢人を虐律条見合可議罪

一牢人法外之罪科ハ、牢人逃走律幷与囚金刃解脱律主守教囚翻異律外類すべき諸条見合可論

一婦人牢込之節ハ、婦人犯罪律見合可論

老幼糺明及上聞可糺問面々幷老幼廃疾者ハ、凡人同前責問等不申付、且人品ニより証拠不相立法律

此条ハ罪人之内ニ茂、人品ニより軽々敷責問等不申付法義申述候也

一八議ニ相見得候御間柄、幷官職重き人、其外格別之人品ハ礼法可優且七拾歳以上十五歳以下之老幼ハ可憐愛且一肢折廃疾ニ成たる片輪者、且両足折篤疾ニ成たる片輪者之類ハ疾病可矜若此等之人ニ犯罪有之節ハ、軽々敷拷問等不申付、夫々之証拠跡を以議定可致、八議之人犯罪律幷八議之人父祖犯罪律老幼廃疾犯罪律等見合首尾方可有之

一証拠明白ならバ、有筋白状無之候共、糺明相遂候も同断首尾方可相済故、必白状可為致与強而責問申付間敷候

一前条之人品与乍存、法義ニ違致拷問、若苦痛堪兼空言申候を取揚罪ニ入候役々ハ、罪科出入律を以可議罪

一問元之筆者犯人之姓名老少等之差分け問付方不相届、拷問ニ為及候ハヽ、筆者張本ニ取、且問元之大屋子取違候節ハ、問元之大屋子張本ニして、出席之役々江ハ順々可減下、後条同断、過失ニて取行候節ハ、各三等減

一法義ニ違致拷問候ハヽ、縦令有筋白状糺明正道相遂候共、法外之執行不届ニ付、不応律を以可議処

一証拠人之儀、親族非分取隠条目ニ相見得候間柄ハ可取隠情意有之、且八拾歳以上十歳以下之者幷篤疾者ハ罪科減免之法義有之候故、夫をたのみにして不有証拠ニ茂相立、各故障之基ニ可相成故、証拠相立候儀可為禁止、若令違犯右之者共証拠相立候役々ハ寺入三十日可申付、情罪軽重相応不致候ハヽ、加減を以議罪する共、其時之僉議次第

条々

一前文本律之面々名代問付可相済儀ハ、弥名代可問付、若名代を以不相届儀ハ、御客屋へ召寄問付候共、事ニより平等之側居宅へ召寄候共、役々犯人之家へ差寄問付候共、其時之吟味次第

一自家へ難放置重犯、其外訳ニより牢舎申付候者ハ、罪人牢込律見合可論、自儘牢込させ候者同断

一病気等ニ付親属へ預け候首尾方ハ、牢人介抱預律見合可論

一前文本律之通、何卒之証拠跡も無之、有筋不申披首尾方叵致節ハ、八議之人犯罪律見合其訳申出、首尾方可有之

訴状表問付訟出之一筋問付別事之非分不問付法義、并違犯之役々科律、又ハ訳ニより別事ニても可問付義込る

此条ハ訴状表之情罪問付、別事之非分問出し、毛を吹て疵を求めざる法義申述候

一糾明之義訴状表実否問付、別事之非分問求間敷候、若訴状之外別事之非分問出し、問付書ニ組入罪ニ入候者ハ、罪科出入律見合情罪次第わざわざ全罪ニ入、并軽罪を重罪ニ入候律を以可論、問付書連印無之役々ハ不及沙汰

一問元之外覚察を失、問付書連印之大屋子筆者平等之側吟味後ハ、罪科出入律見合順々減罪可申付

一問付之趣向ニより、別事之非分問出し候義茂可有之候間、吟味之上可差捨

一訴状外之非分自分ニ而申披候者ハ、犯罪自訟律見合罪科可令有免

一訴状外之犯罪ニ而茂取揚、其糺不申付候而不叶義有之、縦令バ訴状内之首尾係なるを、別事之所状ニ拘ハり、遂僉議可取揚儀訴状外之非分拾求、わざ〳〵罪ニ入候限ニあらざる故弥取揚糺方可申付

一何某宅へ脇方盗隠置段披露有之、是を捕出候与て強盗隠置候を捕出し、又何某へ盗物預置候段申出有之、取出方ニ付盗物買取置候を捕出し候類ハ、是非難差捨義候故取揚、盗賊宿主律見合其糺可有之、外ニ右躰之係合ハ此例を以可論

糾明済赦免糾明相済次第可差免者ハ無滞令放免、并違犯之役々科律

此条ハ糺明済可差免者ハ則ニ差免安心させ、専家業之支ならしめん法義申述候

一訴人幷糺明懸之者、各口柄符合糾明筋令心服、外ニ首尾係無之可差免者ハ無滞可差免、若無故不差免及三日滞留させ候ハヽ、存之役人寺入五日、五日毎ニ一等加へ、寺入廿日迄可召止

一流刑以上之重罪可申付犯人、幷盗走其外難放免者ハ、罪人牢込律幷牢人介抱預律見合牢込又ハ預申付、罪科裁断相済次第、罪科支配日限律見合無滞首尾方可有之

琉球科律　巻之十七　断獄下

断獄下

一再糾
一糾明筋心服
一寺入締方
一婦人犯罪

再糾

糾明筋不明之曲行歟、犯人心落無之歟ニ而再糺諸首尾方之科律

此条之本旨ハ、糺明裁断可慎儀ニて、曲行再糺之法義申述る律条也

一糺明方役々不明之所行有之候ハヽ、罪科支配済不済も無構其訳可遂披露、左候ハヽ別役へ再糺申付実正不明之曲行ならバ、誣訴ニ逢たる人ハ、夫々之律法を以令改正、誣訴したる者ハ誣告律反坐申付、最初之糺明役ハ出入人罪律見合、誤りたる情犯ならバ失て罪に入を以論、態々犯したる情犯ならバ故罪ニ入を以可論

一糺明筋心服無之、再犯之訟申出候も本文同断

一問元外之役々ハ、訴状表問付律見合順々減罪可有之、後条同断

一罪人情犯之通糺明筋正直にして本来曲行無之候を、再糺之役々罪人之為偏頗之心有て最初之糺方令紛乱、不明之曲行於有之ハ寺入五百日、若

出入人罪律内故出入人罪律引くらべ、誣て訴人幷最初之糺明役へ曲入たる罪科又ハ罪人之罪を免したる罪科寺入五百日より重く有之候ハヽ、重を以可論、○且自分之非を餝不明ニ申出たる罪人茂、役々内通和同にして曲行之情合存知ならバ役々同罪、本犯重有「之」候ハヽ、重を以論ずべし若内通和同無之糺明役自分之曲行ニて、罪人其情合不知者ハ、役々同罪不申付本罪可申付

一本文科鞭十を可申付者を十五ニ曲犯し候茂、定法寺入五百日ニて重く相見得候者ハ、科鞭十五之内曲犯し候五鞭之上ニ一二等相加へ候共僉議次第、余者此例を以可論、犯人准之僉議可有之

条々

一賄を受前文箇条之情弊有之候ハヽ、糺明役幷賄を遣候犯人茂、法を曲律幷賄を遣内意律見合前条本罪引くらべ重を以可論

一最初大屋子筆者相糺曲行有之節ハ、平等之側吟味役へ再糺させ、且平等之側吟味役出会曲行有之節ハ、寺社奉行御物奉行申口吟味役々見合次第再糺可申渡

一口問之役々ハ、他座之役人召附候歟、平等方役々之内見合最初問元之役々ハ除、其余之役々へ召問付させ候とも、是又吟味次第

糾明筋心服問付筋親属へも申聞越度之廉得与落着させ候上、首尾方可致法義、弁違犯之役々科律、又ハ訳ニより親属へ申聞ニ不及義込る

此条ハ罪科支配相済候後ハ、縦令取違有之候共可取直様無之故、正直ニ問究越度之廉得与心落「着」させ候法義申述候、尤本犯人愚昧者ニ而問付筋取請無之、本筋不得申請不弁之者も可有之故、親属召寄弁明させ、専糺明筋正直ニして曲行無之様ニ与之律法ニて候

一二百日以上之寺入幷流刑之重罪、又ハ一世流幷死罪之極刑可申付犯人等ハ糺明相済、猶又犯人幷慥成親属召寄、糺明筋又ハ越度ニ応じ、相当之罪科ニ可被処段申聞無残意心服、何共可申出様無之平ニ恐入候段申出候ハヽ、其旨趣書

付を取、問付書可相調、若糺明筋心服無之其訳申出候ハヽ、再糺律見合致再糺心服させ候、以上首尾方可有之、令違反役々於有之ハ二百日以上之寺入流刑可申付犯人之為ニハ寺入廿日、一世流死罪可申付犯人之為ニハ寺入三十日可申付、訴状表問付律をも見合、尤問元外之役々ハ順々可減下

一百日以下之寺入ニ付而役代合、又ハ位取揚、其外訳ニより親属へも糺明筋可申聞者ハ、本文同断僉議可有之

一情罪ニより越度之廉書付を取候ニ不及者も可有之候間、見合可有之

一犯人之親属遠所ニ罷在、尤本犯人心服之上を以首尾方可相済者ハ、罪人之為無罪人を徒ニ召寄候義如何候故一定親属召寄間敷候

一前文之通、犯人へ越度之廉証文致させ候法義なれども、一定其通難致節ハ口問帳ニ印判させ候共僉議次第

寺入締方無故入寺相滞、或帰家或遠所徘徊或名代を以入寺させ候者、弁位持科律込る

一寺入人手形請取、無故相滞入寺不致者ハ、左条之通加罪可申付

一九十日以下之寺入ハ手形請取其日より五日限入寺、○百日以上之寺入ハ十日限入寺、○若定限過入寺不致者ハ加罪五日、五日毎一等加へ五十日迄可召止

一手形渡方致延引候役々、罪科支配日限律条見合可論

一寺入人態々差免、内談承差免候も同断或帰家或名代を以入寺させ候住持ハ、本犯人為差免日数寺入可申付、○若賄を受右執行有之候ハヽ、賄を受公法曲行律引くらべ重を以可論、○本犯人其慎無之、右之所犯有之候ハヽ、右本犯人ハ入寺相逃候日より前条腰書之通加罪取添残日数入寺可申付

一名代寺入之日数ハ、無差引本日数之通本犯人へ寺入申付、且本犯人仕懸之日数ハ、其差引を以残日数入寺可申付

一当病ニ付預申付置候者致全快候ハヽ、早速其首尾申出入寺可致之処、無故遅引有之候ハ、上文ヶ条之通加罪可申付、何卒之差

（合又ハ入寺内病気等ニ付預置候も准之可論）

一病気全快之段申出候を、首尾方遅引有之役々ハ、（罪科支配日限律内寺入手形渡方相済候役々同断）可論

条々

一上文条々本犯人加罪幷住持罪科ハ、贖分引替申付候共僉議次第

一寺入手形請取候後、又ハ配寺より逃走候者ハ、（流人欠落律条見合）可論

一入寺日数不満内（上文ヶ条之外何ぞ之）所犯有之者ハ、（罪科内又罪を犯律条見合）可論

婦人犯罪（女ハ牢込罪科とも男同前不召行、且右法義ニ違執行ふ役々科律、且乳子持候婦人牢込幷流刑之節、母へ相附候諸首尾方込る）

此条ハ婦女節義大切ニ候故、専廉恥を全し、或胎内之子生育を恤、縦令犯罪有之候共、軽々敷牢込罪科等不召行法義申述候

一婦女一世流以上之重罪幷犯姦盗走等之所犯ハ、（悪敷情犯故）見合次第牢込、其余之犯罪者ハ軽々敷牢込不申付、親類へ預置首尾方可有之

一親属へ預置候者ハ、紀明之時も（平等所へ不召出）名代問付、証拠証跡等を以可議定

一右通名代問付決断不罷成候ハヽ、士之婦女ハ役々差寄問届、乍其上不相遂候ハヽ、自身召出問付、又以預置候共僉議次第、（人品見合紀明所出入之砌女供可召付）

一士之婦女ニても其餝無之、商人躰之下業仕候者、幷無系之婦女ハ名代問付、それにて不相遂候ハヽ、自身召出問届候共僉議次第

一糺明係又ハ糺明相遂候共、難放免訳有之者ハ、坐牢幷牢舎申付候とも僉議次第、係合者ニ而も肝要成証拠ニ相係候者同断

一牢込不申付笞之婦女を、法義ニ違召込候役々ハ寺入二十日、○若問付方届兼不意之過失ニて候ハ、三等減すべし

一婦女一世流以下所払之犯罪ニハ科牢廿七日申付、余罪ハ贖分を以本罪可令都合、科牢廿七日以下ハ定法之通現罪可申付

一士之婦女ハ科牢不及、惣而贖分引替可申付、商人躰之下業仕候者士女ニても見合次第

一婦女ハ士民共盗走姦淫等之罪科ニも、惣て入墨科鞭不申付

一盗走等ニて枷号可申付者ハ、枷号法条見合可召行

但、士ハ商人躰之下業仕候者ニ而も、惣て枷号不申付

右ケ条法義ニ違召行役々ハ、官司出入人罪律幷罪人牢込決罰不如法律、又ハ上文牢込「不申付笞之婦女を召込」候律、其外可類諸条見合可議罪

一懐人犯罪有之候ハ、親属へ預置、出産百日後首尾方可致、若法義ニ違召行役々ハ、左条之通罪科可申付

附、外へ放置候て糺明其外何卒之支可有之者ハ、見合次第召込べし、然共懐胎九ケ月ニ及者ハ召込間敷候

一懐胎中牢込拷問又ハ一世流以下之罪科召行候ハヽ、不応律を以論寺入二十日

一右ニ付流産為致候ハヽ、喧嘩打擲律内流産させ候科定を以論三等減寺入九十日

一右ニ付絶命させ候ハヽ、寺入五百日

一産後百日内牢込拷問又ハ一世流以下之罪科申付候ハヽ、寺入廿日

一右ニ付絶命させ候ハヽ、寺入四百日

右五ケ条問付方届兼、不意之過失ニ而候ハヽ、各三等可減

一懐人死罪之犯罪有之候共、出産無之内ハ死罪不申付、尤母死罪之罪有之候得共、胎内之子は無罪、且出産百日後よりハ食物を以助命仕候故、産後百日過支配可申

付、若法義ニ違召行役々ハ、左条之通罪科可申付
一懐胎内死罪召行候ハヽ、寺入四十日
一産後百日内死罪召行候ハヽ、寺入卅日
一産後百日過死罪不召行候ハヽ、寺入廿日
右三ヶ条問付方届兼、不意之過失ニ而候ハヽ、各三等可減

条々

一婦女之儀前文之通律法相立置候間、聊無緩疎可相守候、乍然事ニより一定名代又ハ寄尋ニ而難相通者も可有之候歟、或士ニても下業仕候者、幷無系之婦女抔ハ悉く名代を以尋問難致義も可有之候間、此等之義共ハ其期ニ至り堅致吟味、召寄候共僉議次第、依人品而ハ遂披露首尾方可有之

一婦女ハ流刑所払不申付法義ニ候得共、盗走犯姦其外訳ニより定法之通ニて難差通情罪者ハ、堅僉議之上現罪可申付

一無罪人を心入有之、態々牢込罪科等申付る役々ハ、無罪人牢込幷官司出入人罪律等見合可論

一贖分首尾方ハ贖分法条を以可論

一乳子持候婦人牢舎之節、乳子可預置親類無之者ハ、平等側案内、入牢之母へ可召附置

一婦人流刑之節、乳子可預置親類無之、母へ相附差渡度訟出候ハヽ、穿鑿之上遂披露、其訳罪人帳朱書御坐印押、問合書取添可差渡

一乳子父母抱元主人之間帳内組入させ置、帰々(郷カ)之節又ハ相果候節ハ、流人赦免之法条見合首尾方可有之

営造

一自儘造作

一木石持出不堪用

一調物法違

一諸入料掠破

自儘造作万仕立物幷修補仕替印紙不相済内取付、又ハ印紙相済候共農務之時節等見合無之取付、且考入目多取立印紙申受遣入高之外、材木分仕立等有之科律

一万仕立方又ハ御城元幷諸役所道路矼川抔普請修補等有之節ハ、其訳申出印紙申受可相調、若其訳申出置候とも未印紙不相済内調方取付職役人ハ、調方可致物ニ而義を可害義も無之候共、自儘之取行故細工作料日用賃(金カ)分等取立、贓坐律を以論寺入三百日迄召止べし、若本文之通ニ而重く相見得候ハ、減罪する共僉議次第、後条同断

一細工日用賃(金カ)分之外、何卒之遣入高有之候歟、或所中出分掛等有之節ハ、那移出納律幷因公科斂律見合可論

一若調方不致筈之物を法義ニ違ひ輙く相調、或農務風旱等之見合無之時節ニ違ひ輙く夫遣仕候者ハ、不義ニ財を損、幷農務「を妨」民を痛し候故縦令印紙申受置候共右同断

一御城御囲石垣幷諸座諸御蔵道路矼川筋等与風相破、印紙可申受間其儘難召置節ハ、即上役江申出尤返答相待ニ不及故障無之様其取計可有之、是ハ印紙無之候共、自儘之取行ニあらざる故、贓罪可申付限ニあらず

一前文ヶ条考入目を以可申出節ハ、当用之米分（金カ）細工日用ニ至り委く取究可申出、若遣入高少く有之候を不都合ニ取立可遣入本申出於有之ハ寺入廿日、〇若不都合之申出ニ依て、可遣入本高之外材木切損し、幷細工日用失費又ハ入具仕立過等有之候ハ、、高差除損費高細工日用賃分（金カ）幷諸入料所ニ取合、本罪廿日之寺入より贓罪重く有之候ハ、、贓坐律を以論寺入三百日迄ニ可召止

一本文考入目「取」立過有之候ハ、、了簡迄ニ而相考思慮之及バず無心之過なる故、損費有之候共私用無之候ハ、、返償宥免する共僉議次第

附、若心有之可遣入本高ニ過多取立致私用者ハ、諸入料掠破律を以可論

木石取出不堪用木石取出幷焼物之類仕立御用不相立科律、又ハ細工場用心無之誤て人為及怪我候科律

一材木幷石抔取出、疵付寸法不足等有之或焼物之類ほか之焼切などニて御用不相立、何卒不念之稜無之節ハ不及沙汰、〇若大形之廉有之者ハ、失墜科取立贓坐律を以論其咎可申付、本文木石焼物之類ハ余之仕立物とは相替、出来不出来頭々見究難成故、弁償宥免する共僉議次第

一木石取出し焼物仕立方幷普請、又ハ家垣抔はくゆ（マヽ）し候節、怪我無之様其用心可有之処不慎ニて用心堅固ならず、誤て人為及失命候ハ、、無心之誤と申ながら人命重故大工細工人役人奉行人之間其場相構誤り犯したる者、過失殺傷を以論贖分申付葬料之補として失命之者家内江可給之、其場不相構細工人等幷役々江ハ沙汰不及

調物法違普請幷器物之類法義に違作調候科律

普請幷器物之類法義ニ違作調、尤調方法義ニ違候共、先其成ニ而御用相立作替ニ不及節ハ大工細工人之間現犯之者寺入廿日、現犯之外余人を人数内迚罪科ニ及ぼす間敷候、後文ヶ条同断

尋常之器用与同じからざる肝要成物ハ寺入三十日、〇手元之役人ハ細工人より一等減、奉行人ハ役人より一等可減之、役人

奉行人減罪之次第、後文ヶ条同断○調方法義ニ違候共、先其成ニて御用相立御物失墜ニも不相掛、尤情罪可宥者ハ其罪減免する共僉議次第

一抑御用不相立調替、或法義違之本物ニ而調直し、或取繕を以御用相立候ハヽ、失墜之入具細工賃取立、贓坐律引くらべ、本罪寺入廿日卅日ゟ贓罪重く有之候ハヽ、贓坐律を以論寺入三百日迄可召止

一御前御用之等ハ別御用之物とハ同じからず、尤心力を尽し謹て可相調儀候故縦令法義違之等ニ而御用相立候とも、前文寺入廿日卅日ニ二等加へ寺入四十日五十日、

○抑御用不相立調替、或法義違之本物ニて調直、或取繕を以御用相立候ハヽ、入具細工賃取合(立カ)、贓坐律引くらべ本罪寺入四十日五十日ゟ贓罪重く有之候ハヽ、贓坐律を以論二等加へ寺入五百日迄ニ可召止

一前条調方法違ニ而全く御用不相立歟、或造替歟、或取繕歟之失墜料、大工細工人役人奉行人之間可弁者共江返償可申付

一自儘造作律内考入目多取立失墜有之者ハ、損費料弁償無之、此条ハ弁償有之、両条法義同じからざるハ、彼条ハ了簡迄ニ而相考候ゆへ思慮之至らざる所あらん事を恐弁償有免此条之調物ハ本より定法有之、智力之及バざる所ニあらざる故弁償可申付

一前文之通ニ而罪科軽重相応不致情罪者ハ、吟味之上増減する共、其時之僉議次第

条々

諸入料掠破普請并万仕立物等遣余之外切破り候者科律、検見之役々込る

一諸役所万仕立物普請并修補仕替等有之節、私用可致心有て遣余之外態々材木等切破り、又ハ入具仕立過抔ニて掠取私用する者ハ、役人盗律同前贓罪申付、私用之物返償可申付、役人成共細工人成共現犯之者へ罪科返償方申付、余人ハ後条を以可論

一若未私用無之候ハヽ、自儘造作律内考入目取立過之罪科軽重見合可論

一存之役人幷検見之役々右之情弊存知ながら、犯人を可助と不取揚、偽を以首尾申出候ハ、取掠めたる本犯人同罪、一世流ニ至らバ一等減べし

一本文奸盗同意之情犯なる故、本犯人同罪、去ながら情罪ニより本律之通ニて重く相見得候者ハ、情犯ニ応じ二三等以下減下候共僉議次第

一気届兼見失候情犯ならバ、本犯人罪科軽重次第寺入廿日以上五十日迄ニ召止べし

琉球科律　大尾

糺明法条

人間ハ何れ茂天性五常相備致出生候故、何方之人茂本心ニハ違目無之儀候、然共国々風俗ならはし皆共区々有之候故、和漢を本ニして御当地之宜敷を取合科律組立候付、左条之心入を以相糺、糺明筋無取違致執行候儀可為肝要事

一賞罰ハ御政道題目成大法ニ而則主君左右之御手ニ不相替候、然処科人之儀、四面四躰ハ人ニ替目無之痛敷被思召儀候得共、一心取損世上相妨候故、一人を罸万人御助之筋を以無是非其罪被召行儀候

一籠舎ニ而長々召置候筈当人ハ不申及、其家内一人之故(儀カ)を以大粧成痛可罷成候、剰掛合之者糺明不相遂内ハ銘々職事致忘却、毎日平等所江詰居候儀、皆共人民之疲不軽儀候、此了簡を以早速糺明取付、事之是非相遂次第、無遅々致支配候働可為肝要候

一拷門水責ハ依気根忍兼、無是非越度罷成者茂可有之候、可成程拷門水責無ニ能々方便を以糺明相遂候儀、是亦肝要候

一糺明之砌差当候事より外ニ、或ハ過行候事を相尋、或ハ掛合之者与て余多取出候儀、畢竟糺明之煩ニ候、縦令人を打果候共、其当人外ニハ相企候張本又ハ加勢人迄ニ科申付、其外少々掛合之者ハ沙汰無ニして可然候、件之了簡を以万事科人相減候儀可為肝要候

一糺明之砌是ハ同郷之者、彼ハ他所之者、是ハ縁者、彼ハ他人抔与心ニ差別を差挾、或ハ顔悪敷者を妬ミ、又顔優敷者を悲敷思ひ、或は科人弁口申述候者ニ不図怒を差加、終に両方之実否変乱いたし、糺明之疵罷成儀却而科人よりハ其罪重立候、能々此儀了簡可為題目候

一糺明取付候砌、先立而我心を義理正道取守候儀専一ニ候、若威勢有之人与下輩人与口論仕出致糺明候時、其威勢を憚り差引致遅々、或ハ実否変紛いたし、御政法之疵召成候ハ畢竟私欲臆病有之故ニ候、糺明之節儀ハ題目国法を大切ニ思ひ、上下とも無差別明白相糺候儀可為肝要候

一口論之儀、両方共口論以来之事ニ付而ハ、互不届段々可有之候得共、糺明之法ハ先立事之起立候源を相探、何某何事之儀不届付而右之口論起候段委細問究、其不届本之人を口論之張本与握込、其後ニ口論以来之事を段々可相尋候、若事之起立候源無構、其流末を以善悪差引いたし候ハヽ、料之軽重致違紛筈候、件之了簡を以両方之実否明白其科張本人ニ申付、口論人ハ事之品次第科可召定候、若又張本ニ而ハ無之候共、口論以来段々無調法仕、却而張本高相(ママ)及候ハヽ、可為同科候、又張本人より抜群其科重立候ハヽ、其人一番科ニして、張本人ハ二ばん可召行候

一父親死後遺物配分抔之儀付而兄弟口論仕出候ハヽ、畢竟弟之無調法候、父親死後ニハ何事茂兄下知次第可畏之処口論仕出、則より兄与不会いたし候儀甚以不宜儀候、扨又兄茂父死後ニハ弥以弟憐愍可相加之処、口論高(等カ)仕成候儀、是又不届深重ニ候、人間一生涯之間、財物は罪(マヽ)得易、兄弟ハ難罪(マヽ)得者ニ候、然処財利之故を以難罪(マヽ)得兄弟致不会候儀、愚痴而已ニ而ハ無之、抑利欲溺骨肉情愛之道取失故候、親子兄弟情愛之道委敷申聞、可成程ハ為致和睦、右遺物配分之儀茂彼者共相談之上、品能様配分申儀、永代親敷取合させ候儀、糺明之法専一ニ候、若利欲之張合ニて件之糺不請付候ハヽ、無是非両方実否相糺、其科申付候様兼而了簡肝要之事

附、親類縁者之間ニ而も、財利之口論仕出候ハヽ、皆共件之糺肝要候

一嗣子無之、外より入候時、可成程ハ本系之内より見合相立候儀肝要候、乍然心不相叶者を押而相立、其家内却而不和之疵成立、跡目立直候詮無之候ハヽ、畢竟其家之妨可罷成候、且又件之訳於有之ハ、無是非外戚士之内より見合可然候、跡目口論之儀本系他系之差引抔を以正道之様訟申出候得共、其本心ハ多分財利を目掛候より起立候、就夫位牌一持合候逼迫之為ニハ跡目口論無之候、兎角財福者之為ニ右之口論多々致出来候、其訳能々相心得変紛之疵無之様相糺候儀可為肝要事

一風俗之儀、依所ニ善悪段々可有之候、若風俗悪敷所之百姓、又ハ愚昧至極之者共其見分け無之、士一統義理正道を以相糺候ハヽ、彼者共身置所無之筈候、此儀了簡肝要候

一死霊与申者ハ、死人魂魄解得不申内、妖魔之様ニ〆人ニ相係り候者有之儀ニ候、生霊ハ抑人間乍生仕者ニ而、則調伏之事ニ而、右調伏之儀ハ執行難致法術ニ而、於大国茂数万人之内壱人罷居由候、御当地之儀巫女之類ハ惣様生霊勝手之様常々思含候故、病気差合候得バ則生霊之悩与相心得不宜儀候、人間ハいづれ茂肉体有之者ニ而、色々之病気折々差合、又ハ致死去候ハ皆共肉躰自然之事候、然処病気差合、依病少々乱言仕候得バ生霊之悩与相心得、医師之養生差扣、坊主抔相頼咒させ候付而、病人弥以及乱言、生霊之悩不相替程成立候、右之乱言を以証拠ニして虚実致取分候者を軽々敷披露申出、人之浮沈致大形候儀甚以不宜儀候、件之披露有之候砌、能々入念無妄之科無之様、明白相糺候儀可為肝要候

一斬罪之科仕出置候処、誤而他人搦捕預死配候砌、余難忍存自身ニ而披露申出、則其死罪立替候ハ神妙至極之志ニ候、若件之者於有之ハ、其死罪御宥住居易所江一世流刑可為候、若又他人預死配候後、脇より致露顕候ハヽ、其科一等

相加可召行事

一嶋知行持或ハ無是之士又ハ百姓於家中不届有之、親類惣様ニ而其跡目召替、或ハ流刑させ度之願申出候ハヽ、親類願通相違、其不届ハ差引ニ不及候事

附、流刑年数并配所茂親類ニ任し可召定事

一乳子持合候女致籠舎候時乳子可召附候、若流刑相及乳子列渡度願有之候ハヽ、其子盛生させ候間ハ母ニ可召付事

一糺明相遂科付之砌、斬罪共又ハ身命難保所江流刑共分明難取究者ハ流刑ニ召成、流刑之内六年とも十年共難取分候者ハ六年ニ可召成候、其余皆共件之了簡肝要候、若疑敷者を重方江片付致支配候ハヽ、不仁之道甚以不宜儀候

一善悪ニ賞罰之糺有之候儀、人々存知之前ニ候得共、折々科人致出来候者ハ、人情之儀私欲ニハ溺易く正道ハ難守可有之候、且又御法之内ニも締方緩敷法ハ易犯、締方正敷法ハ難犯、又淫行抔ニ茂男女乱りヶ間敷所ニ而は易犯、依(マヽ)風俗正敷所ニ而ハ難犯可有之候、其外件之類皆共人情自然之事候間、其科易犯事相犯候者江ハ軽立、難犯事相犯候者江ハ重立候様了簡可為肝要候

以上

乾隆十戊(マヽ)辰年七月十七日書改

右ハ科律組立ニ付調部方被仰付律意不相叶所ハ致損益可行御座候

以上

科律調部方相附筆者

与儀　筑親雲上

乾隆五十一年丙午六月

紏明法条

同筆者
安谷屋筑親雲上
平等所大屋子掛而中取
本部里之主親雲上

右者従跡々組立有之候処、御座御印無之差支、且律意相替候処茂有之、此節相調部させ申候間、御印押相用候様被
仰付度奉存候以上

午六月

科律調部奉行
幸地親方

引用律条索引

名例律

公式律

戸役律

田宅律

婚姻律

倉庫律

引用律条索引

検印

琉球科律 糺明法条

昭和四十年七月一日印刷
昭和四十年七月十五日発行

編者 宮城栄昌

発行者 吉川圭三

印刷者 坂本起一

発行所 株式会社 吉川弘文館
東京都文京区本郷七丁目二番八号
電話(811)五二一四・六九〇八番
振替口座東京二四四番

(内外印刷・誠製本)

琉球科律 糺明法条 (オンデマンド版)

Digital Publishing

2018年10月1日　発行

編　者　宮城栄昌《みやぎえいしょう》

発行者　吉川道郎

発行所　株式会社 吉川弘文館
〒113-0033 東京都文京区本郷7丁目2番8号
TEL 03(3813)9151(代表)
URL http://www.yoshikawa-k.co.jp/

印刷・製本　株式会社 デジタルパブリッシングサービス
URL http://www.d-pub.co.jp/

宮城栄昌(1907〜1982)
ISBN978-4-642-72998-7